Theo Sommer

Hamburg

Weltstadt im
Wellengang der Zeiten

Mit einem Geleitwort
von Helmut Schmidt

Hoffmann und Campe

Für Katharina,
meine Hamburger Deern

1. Auflage 2004

www.hoffmann-und-campe.de
Schutzumschlaggestaltung: sander köhn wehrmann
Foto Rückseite: Urs F. Kluyver
Satz: UMP Utesch Media Processing GmbH, Hamburg
Druck und Bindung: Clausen & Bosse, Leck
Printed in Germany
ISBN 3-455-09430-9

HOFFMANN
UND CAMPE

Ein Unternehmen der
GANSKE VERLAGSGRUPPE

Inhalt

Geleitwort
von
Helmut Schmidt

Ich bin Theo Sommer zum ersten Mal im Schlafwagen von Genf nach Hamburg begegnet. Das war Anfang der Sechzigerjahre. Wir kamen von einer Konferenz des Londoner Instituts für Strategische Studien. Das Interesse an Fragen der Sicherheit und Strategie im nuklearen Zeitalter verband uns, damals und später. Er nahm 1961 an der Fernsehrunde von Emil Obermann teil, in der mein Buch »Verteidigung und Vergeltung« dem deutschen Publikum vorgestellt wurde. Später diente er zeitweilig als Leiter des Planungsstabes im Bundesministerium der Verteidigung, wo er für mich die Bestandsaufnahme der Bundeswehr organisierte und mit seinem Stab das Weißbuch 1970 verfasste. Noch später kreuzten sich unsere Wege abermals, als der »ZEIT«-Verleger Gerd Bucerius mich nach meinem Ausscheiden aus Bonner Ämtern in die Geschäftsführung der Hamburger Wochenzeitung holte. Seitdem haben wir in verschiedenen Funktionen Seite an Seite für das renommierte Blatt gearbeitet.

In seinem Hamburg-Buch greift Theo Sommer so instruktiv wie unterhaltsam ein Thema auf, das mir zeitlebens am

Herzen lag: die Geschichte der Hansestadt, ihre Entwicklung von einer kleinen mittelalterlichen Siedlung um die Hammaburg zur Millionen-Metropole, zu Mitteleuropas größtem Hafen, zur kosmopolitischen Weltstadt. Er zieht die Grundlinien der Hamburger Geschichte von ihren Anfängen bis zur heutigen Zeit nach: den unbändigen Drang zur Unabhängigkeit, die jahrhundertelange Fehde mit den Dänen, die allmähliche Entfaltung bürgerlicher Mitbestimmung über die Geschicke der Stadt, das Aufblühen der weltweiten Schifffahrt seit den Zeiten der Hanse, die frühe Ausbildung vaterstädtischen Gemeinsinns, der sich bis heute in einem blühenden Stiftungswesen manifestiert, und den ununterdrückbaren Willen, nach Pest und Brand, Tod und Zerstörung immer wieder neu anzufangen.

Mit knappen Strichen zeichnet der Autor das Bild des Hamburgers: kühl, aber nicht unempfindsam; selbstbewusst, doch nicht arrogant; mehr dem Understatement zugeneigt als der prahlerischen Übertreibung. Er charakterisiert den hamburgischen Handels- und Kaufmannsgeist in »Merkurs eigener Stadt«, wie Siegfried Lenz sie genannt hat. Auch schildert er, wo Hamburg an der Spitze der Entwicklung stand, ohne zu verschweigen, wo die Stadt in träger Beharrung die rechtzeitige Anpassung an die gewandelten Weltläufte verschlief.

Als Senator der Freien und Hansestadt habe ich im Jahre 1962 einmal anonym einen Drei-Sterne-Artikel für die »Welt« verfasst, eine Mahnung an die Hamburger, nicht abermals den Anschluss an die neue Zeit zu verpassen: »Sie schläft, meine Schöne […], sie genießt den heutigen Tag und scheint den morgigen für selbstverständlich zu halten.« Diese Mahnung gilt auch für heute und morgen. Die Stadt darf sich nicht ihrem Wohlstand hingeben, sie könnte sonst in selbstgenügsamer Behaglichkeit zum Spießbürgertum herabsinken.

Mit der Ausnahme von Albert Ballins Hamburg-Amerika-Linie ist Hamburg niemals Sitz von weltbedeutenden Konzernen gewesen. Zwar wurden auch hier Maschinen aller Art gebaut und in die ganze Welt exportiert, früher Schiffe und heute Flugzeuge; aber sowohl Industrie als auch Handel, Schifffahrt und die anderen internationalen Dienstleistungen werden von mittelständischen Unternehmen getragen. Kaum irgendwo sonst in Deutschland gibt es einen in seiner Weltkenntnis so breiten Mittelstand, nirgendwo anders als in dieser im Weltmaßstab doch nur relativ kleinen Metropole ist ein so großer Teil des Mittelstandes und aller seiner Angehörigen in die Weltwirtschaft verflochten.

Das weltbürgerliche Bewusstsein der Hamburger ist nicht konzentriert auf den Weltmarkt für Stahl oder für Automobile oder für Elektronik; sondern es ist von allgemeiner, umfassender Natur. Weil aber die hiesigen Firmen relativ klein sind und weil ihre erfahrenen sich habituell zurückhalten, so wird nur ausnahmsweise einer von ihnen gehört, wenn eine deutsche Regierung vor Entscheidungen auf den Feldern der auswärtigen oder der europäischen Politik steht. Es ist kein Zufall, dass wir seit 1949 nur binnenländische Außenminister erlebt haben und dass keiner von ihnen bei Amtsantritt Weltkenntnis mitgebracht hat. An diesem Versäumnis sind die Hamburger nicht ganz unschuldig. Sie sollten sich künftig stärker um die auswärtige Politik unseres Vaterlandes kümmern.

Ich möchte mir wünschen, dass Theo Sommers Buch den Bürgern der Freien und Hansestadt Hamburg nicht nur das Sein und Werden ihres Gemeinwesens ins Gedächtnis ruft, sondern sie auch auf die Notwendigkeiten der Gegenwart stößt.

Hamburg, im Februar 2004 *Helmut Schmidt*

Vorwort

In der Freien und Hansestadt Hamburg wird gemeinhin zwischen drei Sorten von Menschen unterschieden. Da sind zum Ersten die »geborenen« Hamburger, die mindestens in der dritten Generation in der Elbmetropole auf die Welt gekommen sein müssen. Ihnen folgen die »gebürtigen« Hamburger; dafür genügt es, in der ersten Generation im Quelleneinzugsgebiet der Alster das Licht der Welt erblickt zu haben. Alle anderen Menschen fallen in die Kategorie der »Quiddjes« – derer, die mit dem Makel durchs Leben gehen, nicht im Schatten von St. Michaelis, St. Petri, St. Jacobi, St. Nikolai und St. Katharinen geboren zu sein.

Ich selber – Berliner Abkunft, aber in Konstanz geboren und im Schwabenland aufgewachsen – rechne mich einer vierten Gruppe zu: der großen Schar der »gelernten« oder »angelernten« Hamburger. Ich lebe seit 45 Jahren hier, bin assimiliert und eingewurzelt, und es fehlt mir nicht an guten Freunden unter den Eingeborenen, die ich übrigens viel zugänglicher und umgänglicher gefunden habe, als der Ruf vermuten lässt, in dem sie allenthalben stehen. Ich denke, dass ich als gelernter Hamburger ohne Befangenheit einigermaßen objektiv über Tradition und Zeitgeist in der Hansestadt Hamburg sprechen kann – und als Journalist obendrein knapp und gedrängt. Dieses Büchlein erspart es dem Leser, sich mühsam durch die 12,8 Millionen Web-Einträge zu wühlen, welche die Suchmaschine dem um Auskunft heischenden Google-Hupfer unter dem Stichwort »Hamburg« auf den Bildschirm wirft.

Entstanden ist es aus der intensiven Vorbereitung eines Vortrags über »Tradition und Zeitgeist in Hamburg«, den ich im September 2002 auf einem internationalen Ärztekongress gehalten habe. Vielen schulde ich Dank für Ermunterung und Zuspruch, allen voran Frau Professor Bärbel Kahl-Nieke, ohne deren beharrliches Drängen ich mich dem Thema schwerlich genähert hätte. Dr. Klaus Asche vom Vorstand der ZEIT-Stiftung Ebelin und Gerd Bucerius, ehemals Chef der Holsten-Brauerei und Präses der Handelskammer Hamburg, stachelte mich dann an, das Vortragsmanuskript nicht in der Ablage vergilben zu lassen, sondern mehr daraus zu machen. Ich bin ihm dankbar für die Anregung, aber auch für die Kraft der Inspiration, mit der er – ein passionierter und kenntnisreicher Student der deutschen und der hamburgischen Geschichte – mein Buchvorhaben unterstützt hat. Desgleichen danke ich Helmut Schmidt und Manfred Lahnstein für Interesse und Ermutigung. Meinem alten Kollegen Haug von Kuenheim, der das Manuskript mit freundschaftlich-kritischem Blick gelesen hat, verdanke ich viele hilfreiche Hinweise; ebenso meinem Ur-Hamburger Jugendfreund Dieter Arfs. Einzelne Passagen haben Fachleute durchgesehen: Dr. Jörn Arfs von der Handelskammer Hamburg; Frau Professor Dr. Ursula Büttner, Forschungsstelle für Zeitgeschichte in Hamburg; Professor Dr. Michael Göring, geschäftsführendes Vorstandsmitglied der ZEIT-Stiftung Ebelin und Gerd Bucerius; Dr. Peter von Foerster, Präsident des Übersee-Clubs e.V.; Jürgen Graessner vom Rathaus-Protokoll; Matthias Schwark von der Patriotischen Gesellschaft.

Ihnen allen gilt mein Dank ebenso wie Dr. Daniel Tilgner, der das Manuskript kundig und einfühlsam lektoriert hat; als ausgewiesener Kenner der hamburgischen Geschichte, der auch die Bildauswahl besorgte, war er für mich ein ausgesprochener Glücksfall. Meinen Kollegen Claus Eggers, Udo Liebscher, Uta Wagner und Miriam Zimmer von der Dokumentationsabteilung der »ZEIT«, die mir bei der Verifizierung fraglicher Fakten und der Beschaffung aktuellen Materials zur Hand gegangen sind, weiß ich mich ebenfalls in Dankbarkeit verbunden, vor allem jedoch Waltraud Stabaginski und Angela Holz, die das Manuskript mit Kompetenz, Umsicht und unerschöpflicher Geduld durch all seine Entstehungsphasen betreut haben.

Eine in zeitlicher Reihenfolge nachgezeichnete Geschichte der Freien und Hansestadt Hamburg ist dieses Buch nicht. Die Chronologie liefert zwar einen groben roten Faden, doch bin ich immer wieder aus dem Fluss des Geschehens ausgestiegen und habe bestimmte Grundzüge und Grundmuster bis in die Gegenwart verfolgt, um so das Bleibende, Fortwirkende und über einzelne Epochen hinaus Gültige herauszuarbeiten. Diese Verschiebung der Perspektive, so denke ich, gibt den Blick auf Zusammenhänge frei, die in der üblichen Manier des Hintereinander-weg-Erzählens allzu leicht verborgen bleiben.

Quellenforschung habe ich nicht betrieben. Wohl aber habe ich einen Sommer lang mit dem Blick des studierten Historikers und dem Auge des praktizierenden Publizisten die reichhaltige Hamburg-Literatur durchforscht und durchforstet. All denen, auf deren Schultern ich stehe, schulde ich Dank. Zu ihnen zählen auch die Kollegen in den Hamburger Lokalredaktionen, denen ich viele Details und manche Anregung verdanke. Schwächen oder Irrtümer in meiner Darstellung gehen indessen allein auf mein Konto. Eine Liste der Werke, die mir nützlich waren, findet sich im Anhang.

Dem Leser werden einige kritische Untertöne nicht entgehen. Es sind leise Töne. Sie sollen nicht von der zentralen Botschaft ablenken: dass Hamburg eine großartige Stadt ist, lebendig, mit Gefühl für Stil und Anstand, voller prächtiger Menschen. Ich liebe die kupferne Patina seiner Türme und Dächer; die funkelnden Wasserflächen von Alster, Elbe und Fleeten; die Seewinde und Stromnebel; die unendlich grünen Parks und Gärten; die 2302 Brücken im deutschen Venedig; das Lied der Schiffssirenen im Hafen; die alten Kandelaber auf der Lombardsbrücke, die spätabends mit ihrem warmen Schein den Weg vom Schauspielhaus zu »Paolino« erhellen.

Vorwort

Ich lasse mich gern verzaubern von dem klaren nordischen Licht, das den Himmel über der Hansestadt an Sonnentagen in ein durchsichtiges Seidengespinst verwandelt. Und ich habe gelernt, auch im Nieselnebel der herbstlichen Schmuddelwetter-Trübnis nicht zu verzweifeln. Da halte ich mich an den alten Spruch: »Ist das Wetter noch so fad, sein Hamburg liebt der Hanseat.« Hommage an Hamburg: Nirgendwo sonst möchte ich leben.

Dieses Büchlein widme ich den Hamburger Deerns und Buttjes – denen, die nach uns kommen; den Quiddjes, »Reingeschmeckten« oder »Zugereisten«, die zu uns gekommen sind; und dem Rest der Welt, der uns als Gast in der Hansestadt willkommen sein soll. Allen Hamburg-Neulingen, allen Alteingesessenen, ob geborene, gebürtige oder gelernte Hamburger, wünsche ich Vergnügen und vaterstädtische Erbauung bei der Lektüre, all jenen aber, die jenseits der hamburgischen Deiche und Dämme leben, ein Stück Erhellung und Erkenntnisgewinn.

Hamburg, im Februar 2004 *Theo Sommer*

Hamburg – Schmäh und Schmeichelei

In den zwölf Jahrhunderten, die seit der Gründung der Hammaburg durch die Franken in der Zeit Karls des Großen vergangen sind, hat Hamburg vielen Beobachtern die verschiedensten und widersprüchlichsten Urteile entlockt: schmeichelhafte und schmähende, boshafte und bösartige. Eine kleine Auswahl mag den Leser auf Tradition und Zeitgeist in der Freien und Hansestadt einstimmen.

Da war zum Beispiel Christian IV. (1577–1648), als König von Dänemark und Norwegen zugleich Herzog von Schleswig und Holstein. Die Hamburger durchkreuzten seinen Plan, die Hansestadt zu unterwerfen. Daraufhin beschimpfte er sie als »hochmütige Krämer und Pfeffersäcke, schmierige Heringshändler und Bärenhäuter«.

Abfällig urteilte auch der Franzose Jacob Gallois, der vor 180 Jahren an der Gelehrtenschule des Johanneums Französisch lehrte, über das »irdische Paradies der Regenschirmhändler«. Hamburg, befand er, sei »die Traufe Deutschlands, von Karl dem Großen und einem unglücklichen Geschick zwischen dem 53. und 54. Breitengrad angesiedelt, nahe den

Lappen und Grönland«. (Der 10. Längengrad geht übrigens mitten durch die Parfümerie- und Uhrenabteilung des Kaufhauses Karstadt an der Mönckebergstraße, wo eine in den Boden eingelassene Messingplatte den Verlauf kennzeichnet. Auch auf der Kennedy-Brücke ist er markiert.) Doch mit seiner Lappland-Charakterisierung ließ es Gallois noch nicht genug sein. Spitz setzte er hinzu: »Da Hamburg nun von seinem Handel lebt, so kann man sich denken, dass es dort viele Kaufleute gibt. Adam Riese ist ihr Voltaire. Daher hat auch ihr Benehmen die ganze Anmut einer Preisliste, die ganze Liebenswürdigkeit einer Rechnung, ja die Artigkeit eines Frachtbriefs.«

Weit positiver als Gallois ließ sich sein Landsmann Alexis de Tocqueville aus. In seinem Werk »L'Ancien Régime« rühmte er die Stadt als »ein großes Zentrum des Reichtums und der Bildung«.

Im »Berliner Journal« indes mokierte sich im Biedermeier ein Schreiber: »So sind die Hamburger: der Mammon ist ihr Gott und der Bauch ihr Prophet und das Fass ihr Evangelium und der Venusberg ihr Altar. Nichts als Schlemmerei und Fleischeslust.« Mit diesem schnöden Urteil kam er dem Heines verblüffend nahe.

Heinrich Heine hatte ein höchst zwiespältiges Verhältnis zu Hamburg. Zwischen »aimable Hammonia« und »verdammtes Hamburg« schwankte sein Urteil: Der Gott Merkur und Banco herrsche in der Stadt, während die Musen dort an Schnupfen litten. Fast sieben Jahre verbrachte er an der

Alster – als Kaufmannslehrling und am Ende gescheiterter Händler englischer Manufakturwaren; als junger Mann, der 1817 in der Zeitschrift »Hamburgs Wächter« unter dem Pseudonym Freudhold Riesenharf seine ersten Gedichte veröffentlichte und hier seinem späteren Verleger Julius Campe begegnete; als unglücklich Verliebter, dem seine Cousine Amalie einen Korb gab. »Schöne Wiege meiner Leiden« nannte er die Stadt: »Mein Elysium und Tartarus zu gleicher Zeit! Ort, den ich detestiere und am meisten liebe, wo mich die abscheulichsten Gefühle martern und wo ich mich dennoch hinwünsche.«

Fleischtöpfe und Fleischtöpfinnen

An einen Lüneburger Freund schrieb Heine: »Hamburg ist am Tage eine große Rechenstube und in der Nacht ein großes Bordell.« In seinem »Schnabelewopski« urteilte er: »Hamburg ist die beste Republik.« Seine ironische Begründung: »Es ist ein Freistaat, und hier findet man die größte politische Freiheit. Die Bürger können hier tun, was sie wollen, und der hoch- und wohlweise Senat kann ebenfalls tun, was er will; jeder ist hier freier Herr seiner Handlungen.« Der Sarkasmus war allerdings schwerlich zu überhören. Ein andermal karikierte er die Einstellung der Hamburger zu ihrer Obrigkeit in dem bissigen Vers: »Vertrauet Eurem Magistrat / Der fromm und liebend schützt den Staat / Durch huldreich hochwohlweises Walten /

Heinrich Heine in einer Lithografie vor 1850

Euch ziemt es, stets das Maul zu halten.« Überhaupt schimpfte der Dichter gerne über die Pfeffersäcke und »Zahlenmenschen« (von denen einer sein Onkel Salomon Heine war, der Bankier, der ihm sein Jurastudium finanzierte und ihm auch nachher manchen üppigen Scheck zukommen ließ, ihn aber bei der Verteilung seines Millionenerbes schnöde überging). Und er lästerte: »Wahr ist, es ist ein verludertes Kaufmannsnest hier – Huren genug, aber keine Musen.«

Von den Hamburger Männern hielt Heinrich Heine wenig. Über sie schrieb er: »Ich sah meistens untersetzte Gestalten, verständige kalte Augen, kurze Stirn, nachlässig herabhängende rote Wangen, die Esswerkzeuge besonders ausgebildet.« Der Hang zum guten und reichlichen Speisen war schon Wilhelm von Humboldt an den hansischen Gourmets und

Gourmands aufgefallen: »Der Luxus in Essen und Trinken ist sehr groß«, notierte er im Jahre 1796. Auch anderen Durchreisenden stach nicht nur die »gute Tafel« ins Auge, sondern auch die stadttypische Völlerei: »Bei den privaten Diners war es unmöglich, neben dem Delektieren nicht auch zugleich satt zu werden. Sie trugen den Charakter spätrömischer Üppigkeit.« »Stomachopolis« – Magenstadt – nannte der Literat Daniel Schiebeler die Elbmetropole.

Heine sah es nicht anders. »Die Sitten sind englisch, das Essen ist himmlisch«, befand er. Und spöttelte: »Mögen die christlichen Theologen dort noch so sehr streiten über die Bedeutung des Abendmahls; über die Bedeutung des Mittagsmahls sind sie ganz einig.« Die hamburgische »Nationalkrankheit (nämlich Magenbeschwerden)« pflegten die Ärzte nach seiner Darstellung »als Braunianer durch noch größere Portionen Rauchfleisch, als Homöopathen durch 1/1000 Tropfen Absinth in einer großen Kumpe Mockturtlesuppe zu kurieren«. Den Esstisch bezeichnete er als das einzige Schlachtfeld, auf dem die Hamburger sich als wirkliche Helden zeigten; als Auszeichnung müssten sie eigentlich den Suppenlöffel am Ordensbande und die Gabel im Knopfloch tragen. Im Jahre 1830 flüchtete sich der Dichter vor Hamburgs »Fleischtöpfen und Fleischtöpfinnen« ins »Dörfchen« Wandsbek.

Die Töchter Hammonias nahmen Heines besondere Aufmerksamkeit in Anspruch. »Nimm Dich in acht«, warnte er einen Studienfreund, »die Hamburgerinnen sind schön.« Sie seien »durchaus nicht mager, sondern meistens sogar korpulent [...] und im Durchschnitt von einer gewissen wohlhabenden Sinnlichkeit«. Die missfiel ihm aber beileibe nicht, wiewohl er sich die Sottise nicht verkneifen konnte: Wenn sie sich in der romantischen Liebe nicht allzu schwärmerisch zeigten und von der großen Leidenschaft des Herzens wenig ahnten, so liege dies an Amor, der »aus Schalkheit oder Ungeschick« zu tief schieße und mit seinen Liebespfeilen »statt des Herzens der Hamburgerinnen nur ihren Magen zu treffen pflegt«.

Dem Berliner Theodor Fontane hatten es die Jungfern auf dem Jungfernstieg auf andere Weise angetan. Er bescheinigte ihnen: »Sie haben innerlich und äußerlich alle so was ungewöhnlich Gewaschenes [...], man hat sich ihrer nicht zu schämen.« Die Schönheit und Gewaschenheit der Hamburger Deerns stach auch dem Schotten John Strang, seines Zeichens Stadtkämmerer von Glasgow, ins Auge. Er schwärmte: »Keine Frau der Welt besitzt weißere und schönere Arme oder zeigt zwischen Kopf und Taille so viele Attraktionen, die einen Junggesellen aus dem Zölibat herauslocken können.«

Fontane beeindruckten nicht nur die properen Hamburgerinnen; er liebte überhaupt das Propere an der Hansestadt. »Hamburg ist uns an Sauberkeit und Gewaschenheit noch immer voraus«, notierte er einmal. Freilich fügte er einschränkend hinzu: »[...] aber dafür fehlt doch vieles vieles andre. Wasser allein thut es nicht.« Ein andermal war er aufs Neue hingerissen: »Hamburg immer wieder schön und lachend.«

Auch Königin Elizabeth II. war entzückt: »Hamburg ist aufregend schön.« Nicht anders sah es der Theaterkritiker Alfred Kerr, der im August 1926 im Stadtpark das Heine-Denkmal eingeweiht hatte: »Die Stadt ist von einer aufrecht schmuckvollen Schönheit. Ja, wer im August über die Alster nach Winterhude fährt, wenn die Blumen alle blühen, in den Gärtchen vor den Häuschen an der Flut – der weiß, dass Hamburg die schönste Stadt in Deutschland ist. Immer wieder fragt man sich: Wie ist es möglich, dass Hamburg nicht aller Deutschen Hauptstadt wurde? Hamburg ist so schön.« Die gleichen Gefühle bewegten 75 Jahre später Ludwig Fels, den Wiener Schriftsteller aus Oberfranken: »Was für eine prächtige Stadt: so offen, so voller Licht, so voller Klarheit.«

Sonne nur auf Abzahlung

Selbst der notorische Spötter Kurt Tucholsky war hingerissen. »Hamburg, du schönste Stadt«, rhapsodierte er. Nach einem seiner Besuche notierte er: »Wie ein kleines Meer lag die Alster (Ozean, privat) morgens um fünf in der hellblau-violetten Stunde.« Aber er zitierte auch die russische Revolutionärin Larissa Reissner, eine kommunistische Schriftstellerin, die Hamburg den »großen, eben gefangenen, noch zuckenden Fisch an der Nordsee« nannte. Er mäkelte, dass »hier die Sonne nur auf Abzahlung scheint«. Ihm fiel auf, dass Hamburger Unterhaltungen im Schlicksand verlaufen, besonders, wenn der Stoff peinlich ist. »Fein und unerbittlich diesseitig« nannte er Hamburg. Als Beleg diente ihm die Dame, die in der Pause nach dem ersten Akt von »Hamlet« zu ihrer Begleiterin sagte: »Bis schetzt gar kein Sinn in.«

»Du musst hier raus«, sagte bissig seine Mutter zu Karl Lagerfeld – »Hamburg ist das Tor zur Welt, aber nur das Tor.« Wobei anzumerken bleibt, dass im Wappen der Freien und Hansestadt das Stadttor geschlossen, verrammelt und verriegelt ist – die sprichwörtliche Weltoffenheit manifestiert sich darin nicht. Tatsächlich wurden die sechs Tore der Stadt – Millerntor im Westen, Dammtor im Norden, Steintor und Deichtor im Osten, Brooktor und Sandtor im Süden – auch noch bis Ende 1860 jeden Tag bei Einbruch der Dunkelheit mit Eisengittern zugesperrt und erst bei Sonnenaufgang wieder geöffnet. Seit 1836 war es wenigstens erlaubt, einzelne Tore gegen Entgelt zu passieren, was für die Obrigkeit zur sprudelnden Einnahmequelle wurde wie heute die Falschparker-»Knöllchen«. Aber erst 1860 fielen die Schlagbäume, die bis dahin die Stadt von ihren ländlichen Vororten wie Eimsbüttel oder Barmbek nächtens getrennt hatten.

Der Dramatiker Gerhart Hauptmann war begeistert von Hamburg, dem »Begriff der deutschen Stadt an sich«: »Hier ist alles aus echtem Schrot und Korn«, nichts »angeflickt, angeklebt oder angetuscht«, vollkommen die Übereinstimmung von Funktion und Form. Joachim Ringelnatz, etwas bodennäher, beschrieb dies in seinem Gedicht »Hamburg«:

Mehr als ein Haufen Steine

Und alles kenn ich: Backbord, Luv und Lee,
Das »Rundstück warm«, die Segel und die Lichter,
Die hellen, abgesalzenen Gesichter,
Fuhr ich vielleicht umsonst sechs Jahr zur See!

Hier bunte Ratsherrn flatternd um die Masten,
Dort steife Flaggen, die zur Börse hasten,
Und steife Grogs, Qualm, Tabak, Nebeldunst.
Du fragst nach Kunst? Ach, Hummel, Hummel – Kunst.

Hier trink ich Bier auf nüchtern Magen.
Und häufe Wurst auf grobes, schwarzes Brot.
Und fühle mich so stark in jeder Not,
Ich würde mich hier schämen, je zu klagen.

Und Wolfgang Borchert, der früh verstorbene Dichter von »Draußen vor der Tür«, pries seine Stadt 1947, als sie noch zur Hälfte in Trümmern lag: »Hamburg! Das sind diese ergrauten, unentbehrlichen, unvermeidlichen Unendlichkeiten der untröstlichen Straßen [...] – und das ist doch unendlich viel mehr als nur ein Haufen Steine! Gehe hindurch und blähe Deine Nase wie Pferdenüstern: Das ist der Geruch des Lebens! Windeln, Kohl, Plüschsofa, Zwiebeln, Benzin, Mädchenträume, Tischlerleim, Kornkaffee, Katzen, Geranien, Schnaps, Autogummi, Lippenstift – Blut und Schweiß – Geruch der Stadt, Atem des Lebens: Mehr, mehr als ein Haufen Steine! Das ist Tod und Leben, Arbeit, Schlaf, Wind und Liebe, Tränen und Nebel! Das ist unser Wille, zu sein: Hamburg!«

Thomas Mann berichtet in seinem »Zauberberg« über den aus Hamburg stammenden Helden seines Romans: »Hans Castorp wuchs auf bei miserablem Wetter, in Wind und Wasserdunst, wuchs auf im gelben Gummimantel« – im Friesennerz also, wie man noch vor einer Generation zu sagen pflegte. »Die Atmosphäre der großen Meerstadt, diese feuchte Atmosphäre aus Weltkrämertum und Wohlleben, die seiner Väter Lebensluft gewesen war, er atmete sie mit tiefem Einverständnis [...]. Bequem und nicht ohne Würde trug er auf seinen Schultern die hohe Zivilisation, welche die herrschende Oberschicht der handeltreibenden Stadtdemokratie ihren Kindern vererbt.«

Ein Hamburger reinsten Wassers ist Helmut Schmidt, der Mann mit der Kopfbedeckung, die gemeinhin als Prinz-Heinrich-Mütze bezeichnet wird, die aber nach Auskunft des Mützenmachers Eisenberg bei St. Jacobi in Wahrheit eine »Helgoländer Lotsenmütze« ist. (Dazu befragt, räumte der Altbundeskanzler schlicht ein: »Ich weiß es nicht.«) Vielen im Lande gilt er als Verkörperung des Hanseatischen – »ökonomisch versiert, musisch gebildet, kühl und vornehm, aber mit großer Leidenschaft für das Gemeinwohl«, wie es Münchens Oberbürgermeister Christian Ude ausgedrückt hat. In einem kritisch-liebevollen, mit drei Sternen anonymisierten Artikel der »Welt« nannte der damalige Innensenator seine Vaterstadt 1962 eine »großartige Synthese aus Atlantik und Alster, aus Buddenbrooks und Bebel, aus Leben und Leben lassen. Ich liebe diese Stadt mit ihren kaum verhüllten Anglizismen in Form und Gebärden, mit ihrem zeremoniellen Traditionsstolz, mit ihrem kaufmännischen Pragmatismus und zugleich ihrer liebenswerten Provinzialität.« Nur in Hamburg wolle er leben, bekannte er: »In Frankfurt verdienen sie zuviel Geld, in Düsseldorf zeigen sie es auch noch, in Stuttgart sind sie mir zu eifrig und in Neu-Bonn zu aufgeblasen.«

Ambivalenter fällt die Meinung eines zugereisten Spitzenmanagers aus, die von Klaus Stolberg. »Hamburg ist nicht so schlecht, wie es oft gemacht wird«, sagte er in einem Interview. Vermutlich sollte dies eine Schmeichelei sein. Allerdings war es eher eine aus der Schublade jener *backhanded compliments,* wie sie Mark Twain auszuteilen beliebte, etwa in seinem Satz über die Musik Richard Wagners: »Sie ist nicht so schlecht, wie sie klingt.«

Was ist an all diesen Urteilen dran? Wer sind die Hamburger wirklich? Welches sind ihre Wesenszüge? Wie wurden sie zu dem, was sie heute sind?

Werfen wir zuerst einen Blick auf die hamburgische Geschichte. Sie erklärt vieles.

Konstante Geschichten

Auf der Geestzunge zwischen Bille, Alster und Elbe haben zum Ende des 8. Jahrhunderts sächsische Bauern ein paar Gehöfte errichtet, später wohl eine Fluchtburg, in die sich die Sachsen vor den herandrängenden Franken Karls des Großen retteten. Sie nützte ihnen freilich nichts: Die Franken obsiegten. Neben dem heutigen Pressehaus erbauten die Sieger auf einem Platz von der Größe zweier Fußballplätze die Hammaburg, die 834 zum ersten Mal urkundlich erwähnt wird. Innerhalb der Burg wohnten die fränkischen Krieger und die Geistlichkeit. Rund um die Anlage – die 845 zerstört und nicht wieder aufgebaut wurde – ließen sich Bauern, Handwerker und Händler nieder. Doch der Marktflecken war nichts Großartiges; noch um 950 zählte er kaum mehr als 500 Seelen und selbst 100 Jahre später nicht ganz die doppelte Zahl.

Immerhin gab es eine im Jahre 811 geweihte Taufkirche, und unter Ludwig dem Frommen wurde Hamburg 831 zum Bistum, einige Jahre später zum Erzbistum erhoben. Dem ersten Erzbischof Ansgar, einem Mann aus der Picardie, der ne-

Anfänge einer Metropole im 11. Jahrhundert. Das Modell im Museum für Hamburgische Geschichte zeigt die Ergebnisse der großen Innenstadtgrabungen der 1960er-Jahre. Auf der Höhe des Schiffes am unteren Bildrand verläuft heute von links nach rechts die Ost-West-Straße

1962 wurde beim Hausbau gegenüber des Pressehauses am Speersort ein kreisrundes Findlingsfundament freigelegt. Es wird auf das 11. Jahrhundert datiert und ist heute im Untergeschoss des Hauses (unter »Radio Hamburg«) als »Bischofsturm« zu besichtigen

ben dem Marktrecht auch das Zoll- und Münzrecht besaß, oblag in erster Linie die Heidenbekehrung in den nordischen und slawischen Ländern. Sein Traum war es, aus Hamburg ein »Konstantinopel des Nordens« zu machen. Daraus ist nicht viel geworden. Hamburg blieb noch lange eine unbedeutende Siedlung. Als es aber schließlich aufzublühen begann, wurde ihm das Geldverdienen wichtiger als die Missionsarbeit.

In jenen frühen Jahren wurden bald schon einige Grundlinien hamburgischen Daseins sichtbar, die sich bis in unsere Gegenwart hineinziehen.

Grundlinie Nr. 1: Stolz und Selbstbewusstsein

Die erste Grundlinie ist ein unbändiger Stolz, ein grenzenloses Selbstbewusstsein. Es hat seinen Ursprung in der frühen und bis heute nicht ganz erloschenen, wiewohl längst ins Frotzelnd-Folkloristische abgedrifteten Rivalität mit Bremen. Beide Hansestädte sind sich ihrer historischen Gemeinsamkeiten und Verbindungen durchaus bewusst. »Unsere Städte leben von ihrer Internationalität«, sagt Bremens Bürgermeister Henning Scherf, »von ihrem Bürgersinn, von zivilgesellschaftlichem Engagement und Kaufmannsgeist.« Aber dieses hanseatische Wir-Gefühl war nicht immer so ausgeprägt.

Als 845 räuberische Wikinger die Stadt zerstörten, setzte sich Erzbischof Ansgar nach Bremen ab; fortan hieß das Erzbistum Hamburg-Bremen. Bei der Umzugsentscheidung des

Gottesmannes mag auch eine Rolle gespielt haben, dass er im Streit mit den Hamburger Kaufleuten lag, deren schwunghaften Handel mit dänischen und slawischen Sklaven er zu unterbinden trachtete – zumindest, wenn es sich um getaufte handelte.

Die Hamburger haben das Ausrücken ihres Oberhirten an die Weser nie ganz verwunden. Sie »högten sich foichbar«, um Plattdeutsch und den Ortsdialekt einzuführen, das Missingsch – sie amüsierten sich also köstlich, als die Bremer im 14. Jahrhundert vermuteten, ihr damaliger Erzbischof Albert II. sei kein rechter Mann, und ihn zwecks Leibesvisitation zum Hamburger Domkapitel schickten, vor dem er in einer Badestube die Soutane lüpfen musste – *»habet«* lautete der Befund bezüglich des Erzbischofs Gemächte. Und sie rächten sich, als vor etwas über 100 Jahren in dem prächtigen neuen Rathaus der große Festsaal ausgeschmückt werden musste. Auf dem hoch über den Köpfen umlaufenden Wandgemälde ist Ansgar dort bei seiner Ankunft am Hamburger Gestade zu sehen, wie er einen vor ihm Knienden segnet. Den sieht man allerdings nicht. Der Bischof segnet ins Leere. Vor ihm kniet keiner – besser: keiner mehr. Öffentlicher Aufruhr hat den Künstler Hugo Vogel damals gezwungen, den Kniefall zu übertünchen. Begründung: »Ein Hamburger beugt vor niemandem das Knie.« Im Staatsvertrags-Streit des glücklosen Innensenators Ronald Schill mit der Nordelbischen Kirche spielte dieser Satz – samt der trotzigen Ergänzung: »auch nicht vor der Kirche« – noch im Jahre 2003 eine Rolle.

Der Hamburger nimmt auch keine Orden von fremden Souveränen; das verbietet ihm sein Stolz. So jedenfalls will es die Überlieferung. In der Tat war es den Bürgern durch ein Ratsedikt aus dem Jahre 1270 untersagt, Orden von fremden Souveränen anzunehmen. Das hatte damals seinen guten Sinn, denn die Unterstellung war sicherlich gerechtfertigt, dass mit solchen Auszeichnungen besondere Dienste für auswärtige Herren belohnt werden sollten, die nicht unbedingt im Interesse der Hansestadt lagen. Das Edikt verhinderte jedoch nicht, dass der eine oder andere Stadtvater sich umso empfänglicher für finanzielle Zuwendungen fremder Höfe zeigte; die Annahme von Geschenken störte ohnehin niemanden. Auch waren im 19. Jahrhundert, als Adlige in der Stadt nach altem Recht noch immer keine Grundstücke erwerben durften, Hamburger Kaufherren wie die Voghts, die Mercks, die Schmidt-Paulis und die Berenberg-Gosslers keineswegs abgeneigt, sich vom Kaiser in Wien oder vom preußischen König in den Adelsstand erheben zu lassen – wofür sie sich freilich die herbe Anmerkung gefallen lassen mussten, ein Hamburger Bürger könne gar nicht erhoben werden. Schließlich galt unter Hamburgern der stolze Satz des Johann Carl Daniel Curio aus dem Jahre 1703: »Wir haben keinen Adel, keine Patrizier, keine Sklaven, ja selbst nicht einmal Untertanen. Alle wirklichen Hamburger kennen und haben nur einen Stand, den Stand eines Bürgers. Bürger sind wir alle, nicht mehr und nicht weniger.« So klang denn in den Grabreden auf die Nobilitierten mehr als einmal der Gedanke an, den Adolph Godeffroy auf Ernst Merck münzte (der Orden auch nicht ungern annahm): Er sei trotz seines Titels zu allen Zeiten und vor allen Dingen »Hamburger Bürger« geblieben.

Bis heute hält sich in der Hansestadt zäh die Legende, »man nehme in Hamburg keine Orden an«. Hingegen hat Renate Hauschild-Thiessen überzeugend nachgewiesen, dass es ein in der hamburgischen Verfassung ausgesprochenes Verbot für Senatoren und Bürgerschaftsmitglieder, fremde Orden, Titel und Ehrenzeichen anzunehmen, nie gegeben hat. Versuche, die Annahme solcher Auszeichnungen mit dem Verlust der hamburgischen Staatsbürgerschaft zu bestrafen, fanden in den 1860er-Jahren keine Mehrheit. Doch galt es als »guter Brauch« und als »unthunlich«, dass Mitglieder des Senats und der Bürgerschaft Orden annahmen oder trugen. Man wollte den bürgerlichen Charakter der hansischen Republik bewahren und das republikanische Unabhängigkeitsgefühl nicht durch »Fürstengunst« verwässert sehen. Schon gar nicht wollte man sich »verpreußen« lassen. Die Richter, deren Unbefangenheit gesichert bleiben sollte, fielen ebenfalls unter das Ordensverbot. »Hundemarken« oder »Krempel« nannten die Alt-Hamburger solchen »flitterhaften Prunk einer persönlichen Auszeichnung und Bevorzugung vor anderen Bürgern«. Sie sahen darin einen Angriff auf den »würdigen Stolz republikanischer Einfachheit«.

Es gibt noch immer Unentwegte, die den ihnen angetragenen Verdienstorden der Bundesrepublik Deutschland zurückweisen, zum Beispiel Helmut Schmidt, der noch als

SPD-Fraktionsvorsitzender das Große Verdienstkreuz ablehnte. Eine einleuchtende Begründung lässt sich dafür heute aber nicht länger anführen. Die Zeit ist darüber hinweggegangen. Und seien wir ehrlich: Was eine Verbeugung vor der Tradition sein soll, ist längst zur Marotte geworden. Die Gefahr, dass Monarchen sich das Wohlwollen hansisch-republikanischer Senatoren erkaufen könnten, besteht (wenn sie je bestanden haben sollte) schon seit 1918 nicht mehr. Ist der Ordensherr, der Bundespräsident, etwa ein fremder Souverän? Und überhaupt: Warum sollen Hamburgerinnen und Hamburger, die dem Staat anerkennenswerte Dienste geleistet haben, schlechter gestellt werden als Bayern oder Brandenburger, Württemberger oder Westfalen? Weshalb verdienten Bürgern verwehren, was anderswo gang und gäbe ist? An diesem Punkt schlägt Lokalstolz in schrulligen Provinzialismus um.

Kein Wunder, dass der »gute alte Brauch« weithin außer Kurs geraten ist. Politiker wie Karl Schiller, Herbert Wehner, Birgit Breuel und Klaus von Dohnanyi haben Auszeichnungen angenommen; Bankiers wie Heinrich von Berenberg-Gossler, Eric Warburg und Karl Klasen; auch Verleger wie Gerd Bucerius und Axel Springer; Handelskammerpräsidenten wie Alwin Münchmeyer, Rolf Stoedter und Klaus Asche, Sportler wie Max Schmeling und Uwe Seeler, dazu eine große Anzahl von Vorstandsvorsitzenden. Im Falle Karl Schillers ist in der Verwaltung ernsthaft diskutiert worden, ob man ihm nicht das Recht aberkennen müsse, den Titel »Senator a. D.«

zu führen, aber dazu wollte sich der Senat dann doch nicht mehr versteigen. Allerdings ziehen die Hanseaten auch heute noch die Augenbrauen hoch, wenn bei Trauerfeiern ein Ordenskissen vor dem Sarg hergetragen wird. Protzen liegt den Hamburgern nicht. Jedoch handeln immer mehr nach der Devise des Hamburgers Johannes Brahms: »Orden sind mir wurscht, nur haben will ich sie.«

Den Hanseatenstolz bekam zum Beispiel Wilhelm II. zu spüren, als er 1895 aus Anlass der Einweihung des Kaiser-Wilhelm-Kanals (der heute Nord-Ostsee-Kanal heißt) Hamburg besuchte. Der Senat weigerte sich, Majestät am Rathauseingang zu empfangen. Erst beim Senatsgehege im ersten Stock wurde der Kaiser begrüßt, und der Bürgermeister soll ihn mit »Unser hoher Verbündeter!« angesprochen haben (was er in Bismarcks bundesstaatlichem Reich ja durchaus war; schließlich erschien er bei dieser Gelegenheit als König von Preußen, der seit 1867 über Schleswig-Holstein herrschte). Wilhelm war gebührend verschnupft, ja erbost. Zur Wiedergutmachung wurde eine Bronzetafel angebracht, die noch heute an seinen Besuch erinnert, und der Raum, in dem er empfangen wurde, bekam den Namen »Kaisersaal«. Indessen krochen die Hamburger nicht wirklich zu Kreuze. Im Kaisersaal stellten sie, wohl überlegt, drei Marmorbüsten auf: Bismarck, Moltke und – Kaiser Wilhelm I. So machten sie spitzfindig klar, dass der Saal zu Ehren des Großvaters benannt war und nicht zum Preis des Enkels.

Der Brauch, dass der Senatspräsident seine erlauchten

Gäste stets oben an der Senatstreppe begrüßt, rührt aus einer Zeit, in der Hamburg von den Dänen besetzt war. Der damalige Bürgermeister begrüßte und verabschiedete seinerzeit den dänischen König vor dem Rathaus und konnte dabei nicht umhin, Seiner Majestät den Steigbügel zu halten. Diese Szene veranlasste den Senat, einen solchen Akt der Unterwerfung ein für alle Mal zu verbieten. Weibliche gekrönte Häupter dürfen jedoch unten begrüßt werden; so empfing Bürgermeister Nevermann 1965 die englische Königin Elisabeth II. am Rathausportal. Diese Ausnahmeregel gilt indes nicht für »angeheiratete Königinnen«. Königin Sofia und Königin Silvia mussten daher den Treppenaufgang erklimmen und wurden erst auf der obersten Stufe begrüßt. Republikanischem Stolz begegnete Sofia auch, als sie mit ihrem Gemahl, Spaniens König Juan Carlos, bei einer Aufführung von Mozarts »Zauberflöte« in der Staatsoper auf sich warten ließ. Kurzerhand entschied der damalige Intendant Christoph von Dohnanyi: »Wir sind Republikaner. Wir fangen an.«

Hamburger Bürgerstolz spricht auch aus der Geschichte des Fräuleins Helena Nottebohm. Beim Abendessen in einem der Harvestehuder Patrizierhäuser kam die hübsche höhere Tochter neben einen jungen Studienrat zu sitzen. Der war erpicht darauf, Konversation zu machen, und fragte seine Tischdame: »Wissen Sie eigentlich, dass wegen einer Frau Ihres Namens der Trojanische Krieg ausgebrochen ist?« – »Ach nee«, antwortete sie, »wegen Nottebohm?«

Grundlinie Nr. 2: Der Drang nach Unabhängigkeit

Die zweite Grundlinie nahm ebenfalls in der Zeit der Gründung ihren Anfang: ein bis zum heutigen Tag überdauerndes Streben nach innerer und äußerer Unabhängigkeit. Die räuberischen Wikinger, die 845 mit ihren Schnellseglern, den »Schniggen«, über Hamburg herfielen, kamen aus Dänemark, und mit den Dänen lagen die Hamburger jahrhundertelang im Streit. Nach einer kurzen Phase direkter dänischer Herrschaft (1202–27) schlugen verbündete Fürsten, die Städte Hamburg und Lübeck, Adel und Bauern die Eindringlinge aus dem Norden in der Schlacht bei Bornhöved 1227 vernichtend aufs Haupt. Doch immer wieder versuchten die Dänenkönige, ihre Oberhoheit über den norddeutschen Raum einschließlich Hamburg zu etablieren: während der frühen Hanse-Zeit, aber erst recht, nachdem sie 1459 wider den Protest von Lübeck und Hamburg das Erbe der Schauenburger Herzöge von Holstein angetreten hatten.

Zumal der König Christian IV. tat sich dabei hervor. Er gründete 1616 Glückstadt an der Unterelbe und erpresste Fahrzölle von den nach Hamburg segelnden oder von dort auslaufenden Schiffen. Sein Nachfolger Friedrich III. verlieh dem 1536 erstmals erwähnten Altona 1664 Stadt- und Freihafenrecht; es sollte Hamburg das Wasser abgraben. Im Jahre 1686 belagerte Christian V. die Hansestadt, bei der er mit vier Millionen Mark hoch verschuldet war, verlangte die Stationierung einer dänischen Besatzung, die Erbhuldigung und eine Bußzahlung von 400.000 Talern. Doch wie Christian IV. mit dem Glückstädter Versuch gescheitert war, »die einzige Luftröhre des Reiches« (so die Hamburger in einem Hilferuf an den Kaiser) per Würgegriff abzuschnüren, so scheiterte auch Christians V. Anlauf, Hamburg in die Botmäßigkeit zu zwingen. Der Erbhuldigung entzog sich der Rat durch die Beteuerung, er sei dem Fürsten »in unterthänigster Devotion zugetan« – schmählich genug, doch ausreichend, um die totale Unterwerfung zu verhindern. Die 400.000 Taler wurden bezahlt, dafür musste der Dänenkönig jedoch im Kopenhagener Rezess von 1692 Hamburg seine herkömmlichen Freiheiten und Rechte verbürgen, ungehinderten Seehandel und obendrein freie Grönlandfahrt für die hamburgischen Walfänger.

Gleichwohl ließ der dänische Druck auch im 18. Jahrhundert nie ganz nach. Es dauerte noch fast ein Jahrhundert, bis der hamburgisch-dänische Dauerstreit im Gottorper Vergleich von 1768 beigelegt wurde. Darin erhielt Hamburg die Anerkennung als Kaiserlich Freie Reichsstadt, völlig unabhängig vom Herzogtum Holstein. Helgoland allerdings blieb dänisch (1814 fiel es an die Briten, die es 1890 gegen die deutsche Inselkolonie Sansibar eintauschten). Hamburg konnte sich den zur Sicherung des Elbverkehrs angestrebten Erwerb angesichts der drückenden finanziellen Lasten nicht mehr leisten; um den Vergleich zu ermöglichen, hatte es dem dänischen Königshaus Schulden in Höhe von einer Million Talern, dem Herzogtum Schleswig-Holstein Verbindlichkeiten von einer Million Bancomark erlassen müssen.

Dänischer Einspruch zu erwarten

Die Erbfehde mit den Dänen war damit fürs Erste abgeschlossen. Späte Nachklänge waren jedoch bis ins 19. Jahrhundert zu vernehmen. Als Hamburger und Lübecker Kaufleute 1832 eine Eisenbahn zwischen den beiden Städten bauen wollten, drei Jahre vor Eröffnung der ersten deutschen Bahnstrecke Nürnberg–Fürth, verweigerte Dänemark die Genehmigung dazu; es sah in dem Projekt eine Umgehung des seit dem Mittelalter erhobenen Sundzolls. Wegen des zu erwartenden dänischen Einspruchs wurde dann auch die Eisenbahnstrecke nach Berlin lieber durch die sumpfigen, aber preußischen Marschlande gelegt. Im Jahre 1838 schafften die Dänen sogar die althergebrachte Transitfreiheit für den Warenverkehr zwischen den Hansestädten Lübeck und Hamburg ab; 1840 erlegte Christian VIII. den Deutschen in Nordschleswig Dänisch als Amts- und Gerichtssprache auf; 1848 gliederte sein Sohn, Friedrich VII., die Herzogtümer Holstein und Lauenburg dem Königreich Dänemark ein. Als der Deutsche Bund daraufhin die aus Protest gebildete provisorische deutsche Regierung in Kiel anerkannte, kam es zum Krieg. Ein Hamburger Reeder stellte drei Schiffe zur Verfügung, der private Flottenverein sorgte für deren Armierung und Besatzung. Am Embargo gegen dänische Schiffe in deutschen Häfen beteiligte sich die Hansestadt jedoch nicht. Die Stadtregierung argumentierte, Deutschland müsse im Dienste der Zivilisation mit gutem Beispiel vorangehen und das Privateigentum feindlicher Untertanen schonen. Im September 1850 wurde Frieden geschlossen. Er hielt nicht lange.

Aber nach dem deutsch-dänischen Krieg von 1864 war dann mit der Urfehde zwischen Hamburg und der dänischen Krone endgültig Schluss.

Grundlinie Nr. 3: Ewig Phönix aus der Asche

Grundlinie Nummer 3 ist ein durch nichts zu brechender Lebenswille. Von Anbeginn an zieht sich eine Spur wiederkehrender Zerstörung durch die hamburgische Geschichte. Die Wikinger machten 845 den Anfang. Slawen und Abotriten taten es ihnen 983, 1066 und 1072 nach. Mal um Mal äscherten verheerende Feuer die Stadt ein. Nach der Feuersbrunst von 1284, als Hamburg angeblich bis auf ein Haus niederbrannte, drängte der Rat darauf, beim Bauen die Zwischenräume des Fachwerks nicht mehr mit Stroh, Binsen und Lehm auszufüllen, sondern mit Backsteinen. Wer sich dies leisten konnte, galt als »steinreich«. Gleichsam als Baukostenzuschuss wurde den Bauwilligen eine Prämie von 1000 Mauersteinen und Kalk gewährt. Brandschutzverordnungen wurden schon früh erlassen; und seit 1626 kontrollierten zwei »Feuerschauer« deren Einhaltung. Zwei »Stadtsprützenmeister« befehligten die »Wittkittel« der »Feuerlöschanstalten« mit ihren Handdruckspritzen. Auch die Gründung der Hamburger Feuerkasse im Jahr 1676, heute als älteste bestehende Sachversicherung der Welt zur Kieler Provinzial-Gruppe gehörend, zählt zu den Reaktionen auf die große Feuergefahr der Zeit.

Dicht an dicht standen im alten Hamburg die Fachwerkhäuser wie hier im Großen Bäckergang – und boten damit für jedes Feuer die Nahrung zum Großbrand. Foto kurz nach 1900

Und immer wieder schlugen die Pest und andere Seuchen zu. Allein 1350 starben 6000 Menschen den schwarzen Tod, die Hälfte der Einwohnerschaft. Im Sommer 1529 forderte der »Englische Schweiß« seinen Zoll, die Pest ein weiteres

Mal 1714. Und noch 1892 fielen über 8000 Menschen in den engen, lichtlosen und luftlosen Gängevierteln der Cholera zum Opfer.

Der Dreißigjährige Krieg (1618–48) verschonte die Stadt. Der Rat hatte rechtzeitig beschlossen, Hamburg zur Festung auszubauen. Die Errichtung des Wallrings kostete viel Geld, doch die Investition zahlte sich aus. Im letzten Jahr der Franzosenherrschaft (1806–13/14) wurden jedoch die Vorstädte

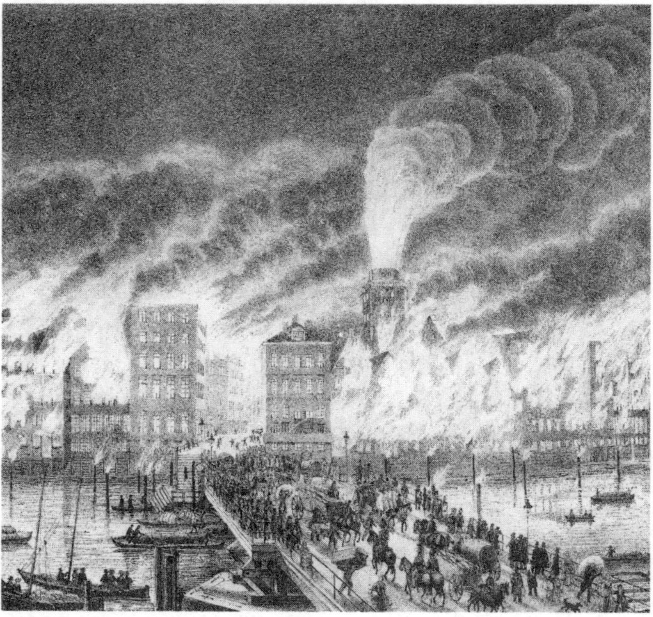

Der kolorierte Stich von Peter Suhr zeigt das Inferno des Großen Brandes von der Holzbrücke aus gesehen mit Blick auf St. Nikolai

zerstört; so wollten sich die Besatzer freies Schussfeld schaffen. Der Große Brand vom 5. bis 8. Mai 1842 verwüstete dann binnen 83 Stunden mehr als ein Viertel des alten Stadtkerns. Das Rathaus, die Börse, die Bank, St. Petri und St. Nikolai, 4219 Wohnungen, 102 Speicher und viele alte Kaufmannshäuser brannten nieder, auch die Kunst- und Buchhandlungen von Commeter und Hoffmann und Campe. »Mein armes Hamburg!«, lamentierte Heinrich Heine: »Von der Deichstraße bis zu Onkel Heines Haus auf dem Jungfernstieg! – der Jungfernstieg abgebrannt mitsamt den Pavillons!« Am meisten beklagte er den Verlust des Petriturmes – »er war über die Kleinlichkeit seiner Umgebung so erhaben!«

Es kamen nur 51 Personen ums Leben, aber fast 20.000 wurden obdachlos, darunter 450 Kaufleute, 30 Advokaten, vier Senatoren und vier Bordellwirte. Das Feuer war in einem Speicher der Deichstraße ausgebrochen, wo hochentzündliche 350 Hektoliter Arrak und drei Tonnen Schellack lagerten. Helfer schlugen die Fässer auf und kippten ihren Inhalt ins Fleet. Die später eintreffende Feuerwehr pumpte nichts ahnend Wasser aus dem Flussarm und spritzte dabei auch die brennbaren Flüssigkeiten – Feuerwasser fürwahr – direkt in die Flammen. Der Brandschaden belief sich auf 90 Millionen Mark (Hamburgs Staatseinnahmen betrugen damals ganze 5,5 Millionen).

Eine Welle der Hilfsbereitschaft ging durch Deutschland. Hoffmann von Fallersleben, der Dichter des Deutschlandliedes, reimte pathetisch: »Und es tönt nach Ost und Westen / Nur ein Ruf und Hülfeschrei / In den Hütten und Palästen: / Auf! Und stehet Hamburg bei!« Und Beistand kam tatsächlich auch aus Palästen: 14 ausländische Herrscher, unter ihnen der Zar und die Königin von England, spendeten große Summen. Der Bankier Salomon Heine bürgte mit seinem ganzen Vermögen für die Kreditwürdigkeit der Hamburger Kaufmannschaft. Als ein Schnorrer zu ihm sagte: »Wenn das so weitergeht, werden Sie auch bald schnorren gehen!«, fragte er kühl zurück: »Bei wem?« Er schalt die Verzagten, die bei ihren Gläubigern Zahlungsaufschub erwirken wollten. »Ist denn die Elbe verbrannt?«, fragte er. »Nein? Also ist nichts verloren!«

Sein Neffe aber, der Poet, verfiel bald schon wieder in seinen hintergründig-makabren Humor:

Ihr lieben Leut,
ihr müsst nicht jammern und flennen,
Troja war eine bessere Stadt
und musste doch verbrennen.

Baut eure Häuser wieder auf
und trocknet eure Pfützen,
und schafft euch bessre Gesetze an
und bessre Feuerspritzen.

101 Jahre später, in den vier Bombennächten Ende Juli und Anfang August 1943, kam es noch grausamer. Damals führ-

ten britische und amerikanische Bomber die »Operation Gomorrha« aus, einen »1000-Bomber-Angriff« nach den Plänen des englischen Luftmarschalls Arthur Harris. Der hatte im September 1940 auf dem Dach des britischen Luftfahrtministeriums gestanden und beim Anblick der St.-Pauls-Kathedrale inmitten eines von Hermann Görings Luftwaffe angerichteten Flammenmeeres gesagt: »Nun gut, sie säen den Wind.« Jetzt sollten die Deutschen den Sturm ernten, seinen Feuersturm. Hamburg war die erste große Stadt, die mit solch zielgerichteter Grausamkeit und solcher Gründlichkeit vernichtet wurde. Wie später Dresden erlebte es ein vorweggenommenes nichtatomares Hiroshima.

Das Ziel war »die Zerstörung der deutschen Städte, die Tötung deutscher Arbeiter und die Zerschlagung des zivilisierten gesellschaftlichen Lebens in ganz Deutschland«. So wollte »Bomber Harris« die Moral der Deutschen brechen und ihren Durchhaltewillen zermürben. Sein Befehl: »Sie sollen die alte Hansestadt Hamburg bis auf den Grund zerstören, und zwar im vollen Ausmaß ihrer Fähigkeiten und Möglichkeiten.« Danach wollte er ganz Deutschland »hamburgisieren« – genau so, wie die NS-Propaganda nach der Zerstörung Coventrys durch die Luftwaffe im November 1940 gedroht hatte, das gesamte britische Inselreich zu »coventrisieren«.

»Gomorrha« hatte Harris sein Unternehmen genannt, nach dem 1. Buch Mose 19, 24: »Da ließ der Herr Schwefel und Feuer regnen vom Himmel herab auf Sodom und Gomorrha und die ganze Gegend und alle Einwohner der Städte.«

Harris ließ vier Nächte lang tatsächlich Tod und Zerstörung vom Himmel herabregnen: 12.000 Luftminen, 25.000 Sprengbomben, 3 Millionen Brandbomben, 80.000 Phosphorbrandbomben und 500 Phosphorkanister warf die alliierte Bomberflotte auf die Elbstadt.

Blick über die Trümmerwüste von Eilbek. Wohnen war hier nur möglich in den nach dem Krieg von der britischen Armee aufgestellten Notunterkünften aus Wellblech, den »Nissenhütten«

In Hamburg herrschte Ende Juli 1943 die bruttige Hitze der Hundstage. Schon lange hatte es nicht mehr geregnet. Im Zeitraum von zehn Tagen flogen die Engländer vier Nachtangriffe, jeweils mit 700 bis 800 Maschinen: in den Nächten zum 25. Juli, zum 28. Juli und zum 30. Juli, dann noch einmal vom 3. auf den 4. August. Die U.S. Air Force flog am 26. und am

27. Juli zwei Angriffe bei Tage. Die Amerikaner nahmen vor allem das Hamburger und Harburger Hafengebiet aufs Korn, während die Briten sich vornehmlich auf die Innenstadt und die Arbeiterwohnviertel stürzten.

Der erste Angriff verheerte die City, die Stadtteile Hoheluft und Eimsbüttel, Altona und die nordwestlichen Vororte. Der dritte traf Harvestehude, Rotherbaum, Eppendorf, Uhlenhorst, Winterhude und Barmbek. Die vierte Attacke verlief glimpflicher, weil ein schweres Gewitter die Angreifer behinderte.

Am schlimmsten war der zweite Angriff am 28. Juli – ein Datum, das sich dem Gedächtnis der Hansestädter buchstäblich eingebrannt hat. Binnen drei Stunden fielen auf jeden Quadratkilometer der südöstlichen Stadtteile 39 Minen, 803 Sprengbomben und 99.162 Brandbomben. Sie verwandelten Hamburg erst in einen Schmelzofen, dann in ein Totenhaus.

In den orkanartigen Feuerstürmen, die mit Windgeschwindigkeiten von 270 Stundenkilometern durch die Straßen brausten, kamen in dieser Nacht 18.400 Menschen ums Leben – verätzt oder erstickt; verbrannt, verkohlt und verglüht; verschmort, verdampft, verkocht. Auf den Straßen schlug der siedende Asphalt Blasen. Die peitschenden Luftmassen entwurzelten meterdicke Bäume und wirbelten Balken, Planken, Gesimsteile, Dächer durch die Straßenschluchten. Die Gluthitze erreichte 800 bis 1000 Grad Celsius. Halb verbrannte Bücher trug der Feuerwind bis in die Gärten von Lübeck.

Helmut Schmidt, der damals als junger Luftwaffenoffizier auf einem mecklenburgischen Schießplatz an der Küste Dienst tat, erinnerte sich 60 Jahre später, dass die Aschewolken aus Hamburg den Himmel über Kühlungsborn verdüsterten: »Ich bin auf gut Glück nach Hamburg gefahren, um meine Eltern, Schwiegereltern usw. zu suchen. Alle waren ausgebombt (wir selbst auch), aber – großes Glück im Unglück! – alle sind am Leben geblieben. Ansonsten aber roch es auf den Straßen nach gebratenem Beefsteak. Ich kannte diesen Geruch brennender Leichen aus einigen Orten in Russland.«

Szenen des Grauens allüberall – Menschen, die sich, mit Phosphor bedeckt wie Fackeln brennend, in die Fleete stürzten und dort umkamen, weil der Phosphor weiter brannte, sobald sie wieder auftauchten. Menschen in den Kellern, von der Strahlhitze ausgedörrt zu Schrumpfleichen oder vom Wasser aus berstenden Heizungskesseln und -rohren zu Tode gebrüht. Menschen, die auf der Flucht stürzten und im kochenden Asphalt stecken blieben wie Fliegen im heißen Wachs einer Kerze.

Der sechsjährige Wolfgang Biermann, der dies mit eigenen Augen sah, entkam dem tosenden Flammenmeer nur, weil seine Mutter den Jungen huckepack auf den Rücken nahm und mit ihm einen Kanal durchschwamm. Jahrzehnte danach dichtete der Liedermacher: »In jener Nacht fiel Schwefel aus den Himmeln in das Fleet / Drei Männer brannten vor mir wie Heil-Hitler-Fackeln / Das Dach von der Fabrik flog durch die Luft wie ein Komet / Die Toten alle kleingebrannt fürs enge Massengrab.«

Seine Mutter schlug sich mit ihm zur Moorweide durch. Dort – und auf den Stadtparkwiesen – sammelten sich die Überlebenden. Kaum 22 Monate zuvor hatten sich an dieser Stelle die ersten 1000 von Hamburgs jüdischen Bürgern zum Abtransport in die Todeslager des Ostens einfinden müssen, darunter auch Biermanns Großeltern, Onkel, Tante und Cousin.

Den Davongekommenen boten sich grausige Bilder: Hunderte von Toten, viele nackt, auf den Wegen, den Plätzen, in Bombentrichtern. Umherirrende. Irrsinnig Gewordene. Jammernde, Wimmernde, Verstummte. Überall Feuer und Funkenflug. Tagelang gab es kein Telefon, keinen Strom, kein Brot. In den Kühlhäusern faulte das Fleisch, bis es endlich an die Überlebenden ausgegeben wurde – nebst einer Sonderzuteilung von 50 Gramm Bohnenkaffee pro Person, zehn Zigaretten oder drei Zigarren, 125 Gramm Süßwaren und einer halben Flasche Spirituosen.

Den ganzen Tag nach dem Angriff wurde es nicht hell in der Stadt, sieben Kilometer hoch ragte die Qualmwolke über ihr in den versengten Himmel – zweimal so hoch wie der höchste Berg Deutschlands, vermerkte im kalifornischen Santa Monica Bert Brecht in seinem Tagebuch. Tag für Tag rollten die Lastwagen voller chlorkalküberstäubter Leichen in die Friedhöfe, wo Zwangsarbeiter aus dem Osten und KZ-Häftlinge nicht schnell genug die Massengräber ausheben konnten.

Während der ganzen »Operation Gomorrha« starben ungefähr 37.000 Hamburgerinnen und Hamburger. Insgesamt forderte der Zweite Weltkrieg in der Stadt wohl 41.000 Bombenopfer; die genaue Zahl konnte nie ermittelt werden. An die 277.000 Wohnungen wurden zerstört oder beschädigt, mehr als die Hälfte des Wohnraums überhaupt, außerdem 272 Schulen, 24 Krankenhäuser und 58 Kirchen. Innenstadt und Hafen trugen schwere Verwüstungen davon. Vom Hauptbahnhof ostwärts bis Rahlstedt lag alles in Schutt und Asche. Jörg Friedrich, der Chronist des Bombenkrieges über Deutschland, spricht von 56 Prozent Stadtzerstörung; im Bezirk Mitte habe die Tötungsquote 5,9 Prozent erreicht; in den Wohnstraßen von Hammerbrook seien 36 von 100 Bewohnern gestorben. Im Hafen waren 90 Prozent der Kaischuppen zerstört, 78 Prozent der Kräne, zwei Drittel der Gleisanlagen, über die Hälfte der Landungsanlagen und fast die Hälfte der Brücken. Zerbombt lagen 312 Wracks auf Grund, 3000 Schiffe beschädigt an den Kaimauern. Die Industrie war zu 75 Prozent zerstört. Die Stadt hatte nach den Bombennächten 900.000 Einwohner weniger als 1939; sie waren in Panik geflüchtet oder mit Sonderzügen der Reichsbahn in weit entfernte Teile des Reiches evakuiert worden. Noch 1946 gab es 285.000 »Butenhamborger« außerhalb der Stadtgrenzen, und noch 1951 lebten 120.000 Menschen in Behelfsunterkünften, 15.000 in Lagern und Bunkern. Erst 1954 erreichte die Bevölkerungszahl wieder den Vorkriegsstand. Und erst Ende der Achtzigerjahre verschwanden die letzten Bombenbrachen.

Die letzten Zeugnisse des Mittelalters waren mit vielen schönen Barock- und Rokoko-Bauten im Juli 1943 ein Raub der Flammen geworden. In Trümmer sank auch der Conventgarten in der Kaiser-Wilhelm-Straße, in dessen großer Konzerthalle seit 1853 berühmte Dirigenten, Orchester und Redner aufgetreten waren (heute steht dort das Verlagshaus Axel Springer). »Wir haben keine Vergangenheit mehr«, klagte der Schriftsteller Hans Erich Nossack in seinem erschütternden Augenzeugenbericht »Der Untergang«. An der Alster, beim Volksparkstadion und an vielen anderen Stellen lagerte die Stadt nach den Aufräumarbeiten 43 Millionen Kubikmeter Trümmerschutt – zehn Prozent des Schutts, den der Bombenkrieg in Deutschland hinterlassen hat, 25 Kubikmeter pro Einwohner der Hansestadt heute. Man hätte damit die Außenalster zuschütten und einen Hügel von zwanzig Meter Höhe obenauf setzen können.

Die Briten verloren bei dem »Unternehmen Gomorrha« 86, die Amerikaner 43 Maschinen. Als die Bomber ihr Zielgebiet verließen, meldete sich bei Flight Sergeant Parry sein Staffelführer: »Die armen Schweine da unten!« Der Bomberpilot Richard Mayce blickte auf »eine Art Dantes Inferno« hernieder, »eine weite Fläche voller Weißglut – sogar das Wasser brannte«. Später wurde Mayce Pazifist. Viele seiner 552 Kameraden von der Royal Air Force, die bei den Angriffen auf Hamburg starben, liegen unweit der Massengräber ihrer Opfer auf dem Ohlsdorfer Friedhof begraben.

Das einstige Hamburg existierte nicht mehr. Aber in einer zeitgenössischen Schilderung berichtet Gretl Büttner von der Luftschutzleitung: »Ende August, Anfang September begannen die angekohlten verbrannten Bäume neues Laub zu tragen; hellgrüne Blättchen wagten sich hervor. So nahe dem Herbst wurde es über allem unendlichen Grauen noch einmal Frühling. Weißer Flieder duftete in den Gärten der zerstörten Häuser.« Dies deckt sich mit den Beobachtungen Hans Erich Nossacks: »Überhaupt die Bäume! Mit rührender Eile setzten sie schon nach wenigen Tagen neue Knospen an.« Oder an anderer Stelle: »Auf dem Schutt im Vorgarten lag wie eine Harfe das ausgeglühte Saitengestell eines Flügels. Durch den verkohlten Unrat und die zersprungenen Saiten wuchs eine Rose und blühte.«

Die Menschen ließen sich ebenso wenig entmutigen wie die Natur. Schon am 11. August wurde die Postzustellung wieder aufgenommen, am 15. August liefen die ersten Züge im Hauptbahnhof ein, fünf Tage später zeigte der Ufa-Palast den Film »Geliebter Schatz« mit Sonja Ziemann. Bis Weihnachten kehrten 400.000 Ausgebombte in die zerstörte Stadt zurück, obwohl dies Frauen und Kindern untersagt war. Wenige Wochen nach den Gomorrha-Nächten eröffnete Professor Bruno Snell, Lehrstuhlinhaber für Klassische Philologie und später Mitglied des Ordens Pour le Mérite, eine Vortragsreihe über das »Nachleben der Antike in der abendländischen Entwicklung«. Und fünf Monate nach den Bombenangriffen des Sommers erreichte die Rüstungsproduktion schon wieder 80 Prozent des früheren Umfangs. Trümmer wurden geräumt, Schäden repariert, Behelfsunterkünfte errichtet. Die Hansestädter ließen sich nicht unterkriegen.

Abermals zeigte sich in schwerer Zeit: Das Entscheidende ist der unbändige Lebenswille. Nach jeder Katastrophe wurde die Stadt neu aufgebaut, wurde sie schöner, moderner, liebenswerter und lebenswerter. Nie haben die Bürger den Mut sinken lassen – an der Waterkant weiß man, dass man den Kopf nicht hängen lassen darf, wenn einem das Wasser bis zum Halse steht. Man gibt nicht auf und lässt sich nicht unterkriegen. Immer haben die Hamburger die Arme hochgekrempelt, in die Hände gespuckt und angepackt. Jedes Mal ist die Erschlagene wieder auferstanden, wie es der Dichter Hans Leip – der Texter von »Lili Marleen« – in seinem 1943 mitten in der zerbombten Stadt geschriebenen »Lied im Schutt« besungen hat. Überstehen und unverdrossen von vorn anfangen – genau dies meinte Wolfgang Borchert mit seinem Satz: »Das ist unser Wille zu sein: Hamburg!«

Dies erwies sich abermals in der Flutkatastrophe vom Februar 1962, der schlimmsten Sturmflut seit 1825, verursacht von dem Hurrikan »Vicinette«. Bei Windstärke 12 erreichte die Flutwelle 5,73 Meter über dem mittleren Tidehochwasser. An 60 Stellen brachen die Deiche unter der Gewalt der von der Nordsee her in die Elbe getriebenen Wassermassen. In Wilhelmsburg, auf der Veddel, im Alten Land und in Billwerder-Moorfleet hieß es »Land unter!«. Hundertfünfzigtausend Menschen wurden vom Wasser eingeschlossen, 17.000 evakuiert. Hubschrauber retteten Hunderte von ihren Dächern. Der Innensenator Helmut Schmidt, der die Hilfsaktion leitete, wurde damals durch Tatkraft, Umsicht und Entschlos-

Vor allem Wilhelmsburg bot während der Flutkatastrophe 1962 ein Bild der Zerstörung, wie hier in der Georg-Wilhelm-Straße

senheit in der ganzen Bundesrepublik bekannt. In der Katastrophe begründete er seinen Ruf als »Macher« – zum Teil dadurch, dass er 8000 Soldaten und 80 Hubschrauber der Bundeswehr zum Einsatz befahl, was das Grundgesetz zu jener Zeit noch nicht erlaubte. In der Flut kamen 315 Menschen um, 1700 Wohnungen wurden zerstört. Der Sachschaden belief sich auf über eine Milliarde Mark. Doch unverdrossen machten sich die Hamburger ans Aufräumen. Sie änderten das Profil der Elbdeiche und erhöhten sie. Das Leben ging weiter.

Grundlinie Nr. 4: Stadt des Handels

Hamburgs Hang, Hamburgs Drang zum Handel ist eine vierte Grundlinie und mit wachsender Wirtschaftskraft in der Hanse vollends sichtbar. Sie wurzelt jedoch in der ganz frühen Zeit. Der Auftrag zur Heidenbekehrung löste einen regen Missionsverkehr aus, in dessen Gefolge sich bald ein bescheidener Fernhandel mit Dänemark und dem Wendenland anbahnte, dem Norden und dem Osten. Es war dies die Keimzelle des Welthandelsplatzes Hamburg. Dessen Bedeutung wuchs dann nach der Gründung Lübecks im Jahre 1143 von Jahrzehnt zu Jahrzehnt. Bald schon überwältigte der Kaufmannsgeist den Missionsdrang, das Hauptbuch wurde wichtiger als die Bibel.

Heidenmission und Händlersinn – dazu gibt es eine hübsche Anekdote. Als Kaiser Otto I. den Papst Benedikt V. absetzte, verbannte er ihn nach Hamburg, *of all places*, wo er 965 oder 966 starb und im Dom beigesetzt wurde. Im Jahre 999 wurden seine Gebeine nach Rom gebracht, doch sein leeres Grabdenkmal blieb bis weit in die Neuzeit hinein eine viel besuchte Sehenswürdigkeit. Die Hamburger legten allerdings wenig Wert darauf – sie schlossen sich früh der Luther'schen Reformation an und rissen von 1804–07 den angeblich baufälligen katholischen Mariendom rüde ab, der über der alten Hammaburg errichtet worden war. Auf die Frage eines Fremden nach dem Grabmal antwortete ein Hamburger Kaufmann im 18. Jahrhundert: »Wat geiht mi de Papst an, ik ga na de Börs!«

Um 1200 zählte Hamburg 1000 bis 1500 Einwohner. Seit 1111 waren die Grafen von Schauenburg Stadtherren, Nachfolger der sächsischen Billungerherzöge. Neben der erzbischöflichen Altstadt entstand 1188 die gräfliche Neustadt, im Nikolaifleet ein neuer Hafen. Die Schauenburger holten Holländer, Friesen und Westfalen an die Elbe. Die Stadt blühte auf. Kaiser Barbarossa stellte ihr am 7. Mai 1189 seinen berühmten »Freibrief« aus, von dem wir inzwischen wissen, dass er eine Fälschung aus dem Jahre 1265 ist.

Die angebliche Geburtsurkunde für »Deutschlands Tor zur Welt« erlaubte den Hamburgern Fischfang und Holzeinschlag zum Nulltarif, gestattete ihnen, die Schweine zur Eichelmast in die umliegenden Wälder zu treiben, und stellte sie vom Kriegsdienst frei. Vor allen Dingen jedoch gab sie den Hamburgern das Recht auf zoll- und abgabefreien Elb- und Seehandel. In der Kaiser-Urkunde hieß es: »Wir, Friedrich

Hamburgs »Freibrief« vom 7. Mai 1189 ist eine rückdatierte Fälschung des Jahres 1265

von Gottes Gnaden Kaiser der Römer und allzeit Mehrer des Reichs, tun hiermit allen, die jetzt oder künftig leben, kund und zu wissen, dass Wir auf die Bitte Unseres lieben und getreuen Grafen Adolf von Schauenburg seinen Bürgern, die in Hamburg wohnen, gewähren und zugestehen, mit ihren Schiffen, Waren und Leuten vom Meer bis an besagte Stadt frei von allem Zoll und irgendwelchen Steuern hin und zurück zu verkehren [...].«

Aber es bleibt eine unbestreitbare Tatsache: Wie die Gründung Hamburgs als freie Reichsstadt durch Karl den Großen im Jahre 808 eine schlichte Legende ist, so ist auch der Barbarossa-Freibrief, die Lieblingsurkunde des Stadtstaates, der ihrer jährlich am Hafengeburtstag gedenkt, ein plumpes Machwerk. Angeblich hatte der Kaiser dem Grafen Adolf von Schauenburg die Urkunde kurz vor dem Aufbruch zum dritten Kreuzzug in Neuburg an der Donau ausstellen lassen. Aber der Pergamentschnitt stimmte nicht, das Siegel war das von Barbarossas Enkel, die Schrift war damals ungebräuchlich, das übliche Aufgebot prominenter Zeugen aus den Reihen der Ersten des Reiches fehlte. Doch noch 1907, als der Historiker Heinrich Reincke den Freibrief als Fälschung entlarvte, verbot der Senat, dessen Vortrag zu drucken. Er galt als staatsgefährdend. Schließlich beruhte Hamburgs ganzer Anspruch, seit 1189 freie Reichsstadt zu sein, auf dem getürkten Pergament aus dem Jahre 1265.

Doch ist ein Plädoyer auf Milde nicht ganz unbegründet. Der Fälschung lag wohl ein Vermerk der kaiserlichen Schreiber vom 7. Mai 1189 zugrunde, und Barbarossa hatte vermutlich die Absicht, die Beurkundung des Freibriefs nach seiner Rückkehr aus dem Heiligen Land vorzunehmen. Dazu kam es aber nicht mehr: Der Kaiser ertrank im anatolischen Flüsschen Saleph, das Reich versank in Nachfolgewirren, und an eine förmliche Ausfertigung der Privilegien-Zusage war nicht zu denken. Hamburg jedoch, das auch ohne Brief und Siegel zu florieren begann, wurde von seinen Neidern in Bremen und Stade immer massiver bedrängt. Vor allem die Stader machten den Hamburgern zu schaffen. Sie forderten 1259, dass die nach Hamburg gehenden Schiffe ihre Ware in Stade verzollen und dort drei Flutzeiten – dreimal zwölfeinhalb Stunden – liegen bleiben müssten. Als alle Proteste und Klagen nichts nützten, verfielen die Hamburger auf die Idee, einen Kaiserbrief zu fälschen, in dem ihnen der zollfreie Verkehr auf der Unterelbe zugestanden wird. Das Falsifikat ließen sie sich einiges kosten: 10.400 Mark Silber – nach heutigem Geldwert mehrere Millionen Euro. Der ungehinderte Schiffsverkehr war ihnen diese stolze Summe wert. Sie gewannen den Kardinallegaten Guido für ihr Anliegen. Er setzte durch, dass der Erzbischof von Magdeburg, aber auch der von Bremen, das zurückdatierte Kaiserprivileg anerkannte. Es war ein Sieg auf ganzer Linie.

Altstadt und Neustadt wurden 1216 zur Gesamtstadt Hamburg, mit einem Rat, einem Rathaus und einem Gericht. Rat und Wittigste (Stadtgeschworene) einigten sich, »dass Hamburg eins ist und eins bleiben soll für alle Zeit«. Der Sieg über die Dänen bei Bornhöved 1227 wurde dann zur Grundlage der späteren Machtentfaltung der Hanse. In diesem Handelsbund von 70 Städten, einer frühen Art von europäischer Wirtschaftsgemeinschaft, spielte Hamburg neben Lübeck, Köln und später Bremen eine herausragende Rolle. Es entwickelte sich bald zum großen Stapel- und Umschlagplatz zwischen Flandern und Nowgorod, anfangs noch als »Lübecks Nordseehafen«, doch bald schon als Exporteur und Importeur aus eigenem Recht und Vermögen.

An der Spitze der Hamburger Erzeugnisse auf der Ausfuhrliste stand das damals berühmte Bier der Hansestadt. Brauerei und Böttcherei waren die wichtigsten Gewerbe. Im Jahre 1369 gab es bei nicht ganz 10.000 Einwohnern 450 Brauereien mit einem jährlichen Bierausstoß von 170.000 Tonnen; von ihnen lebten 104 Böttchermeister. Ein hansischer Spruch lautete zu Recht:

Lübeck ein Kaufhaus
Lüneburg ein Salzhaus
Krakau ein Kupferhaus
Köln ein Weinhaus
Hamburg ein Brauhaus

Die Chronisten rühmten das Hamburger Bier, zumal das Weißbier mit seinem weinartigen Geschmack. Es gab Doppelbier, Schiffsbier, »Sötbier«. Städtische »Probierer« führten dienstags und freitags die Bierprobe durch, die dem Ausschank vorausgehen musste. Vor Verlesung der Ratsbeschlüsse pflegte der Bürgermeister den Segen Gottes zunächst auf das glückliche Brauwerk herabzuflehen, danach erst auf die Kaufmannschaft. Alle zwei Jahre feierten die Brauer und Brauerknechte ihre »Höge«, ein üppiges Festessen im Brüderschaftshaus am Rödingsmarkt. »Sich högen« sagt der Hamburger noch heute, um den Zustand zu beschreiben, wenn er sich köstlich amüsiert und sich dabei vor Vergnügen auf die Schenkel schlägt.

Ein Drittel der Hamburger Ausfuhren entfiel auf den begehrten Gerstensaft – begehrt nicht nur als Getränk und Gewürz, sondern auch, weil Biersuppe und Bierbrei zur täglichen Nahrung gehörten (übrigens noch bis weit ins 19. Jahrhundert hinein). Bis hin nach Portugal, England, Norwegen und Russland wurde das Gebräu verkauft. So wichtig war den Hamburgern ihr Biervertrieb, dass sie sich zu Beginn des 16. Jahrhunderts in einen Konflikt mit den Niederlanden stürzten, um die Holländer zur Rücknahme ihrer neu eingeführten hohen Zölle auf hamburgisches Bier zu zwingen – freilich vergebens. Der Export des Bieres blieb allerdings auf die Wintermonate beschränkt. In der wärmeren Jahreszeit wäre es, obwohl stark verhopft und hoch gegoren, in den Fässern rasch sauer geworden und nur noch als Schweinefutter zu verwenden gewesen – die Redensart »etwas feilbieten wie Sauerbier« stammt daher. Drei Tonnen Bier kosteten 1377 eine Mark, die Mark zu 16 Schillingen zu je 12 Pfennigen, 192 Pfennig also – so viel wie 300 Ziegelsteine oder vier Pfund Bienenwachs. Ein Tagelöhner verdiente damals anderthalb Pfennig am Tag, den Gegenwert von 22 Eiern.

Das Wasser zum Brauen wurde aus der trüben Brühe der Fleete geschöpft, in das sich viele Abtritte entleerten. Dem Ruf des hamburgischen Bieres hat dies nicht geschadet: Es galt als besonders würzig. Wer heute den Gröninger-Braukeller besucht, eine kleine Brauerei mit einem großen angeschlossenen Speiselokal, 50 Meter vom »Spiegel« in einem der wenigen erhaltenen mittelalterlichen Kellergewölbe untergebracht, der findet gleich am Eingang den kalauerischen Wortlaut einer Verordnung von anno Krug: »Der Herr Bürgermeister gibt bekannt, dass am Mittwoch Bier gebraut wird und deshalb ab Dienstag nicht mehr in den Bach geschissen werden darf.«

Heute gibt es in Hamburg neben einer Hand voll Mini-Brauereien nur noch eine einzige Großbrauerei: Holsten, gegründet 1879. Nach und nach sind die kleinen Bierhersteller alle aus dem Rennen geworfen worden. Holsten aber (»Holsten knallt am dollsten«) war mit seinen Marken Holsten, König, Licher, Lübzer, Feldschlösschen und Astra in Deutschland lange Zeit Marktführer. Bei einem Marktanteil von 8,7 Prozent kam die Gruppe auf einen Absatz von 10,2 Millionen Hektolitern im Jahr. Nicht von ungefähr geriet sie daher ins Visier finanzstarker Interessenten, und 2004 kam es schließlich zur Übernahme durch den dänischen Biergiganten Carlsberg.

Im Jahre 1369 zählte Hamburg allenfalls 30.000 Einwohner, aber der Bierausstoß war gewaltig. Die Altvorderen hatten einen weit höheren Bierkonsum als die Heutigen. Den

Klosterfrauen stand ein Deputat von zehn bis 15 Litern Bier am Tage zu. Das könnte auf einen phänomenalen Bierdurst schließen lassen. Eine harmlosere Lesart wäre, dass den mittelalterlichen Menschen die Angst vor verseuchtem Wasser im Nacken saß und sie lieber das im Brauprozess abgekochte Bier zur Deckung ihres Flüssigkeitsbedarfs heranzogen; außerdem wurde viel mit Bier gekocht.

Doch Hamburgs Wohlstand beruhte im Mittelalter nicht nur auf seinem Braugewerbe. Für das Jahr 1376 verzeichnet die »Ämterrolle« – die Mitgliederliste der Zünfte – 1057 Meister: 57 Schlachter, 52 Gerber, 47 Schuhmacher, 36 Bäcker und ebenso viele Schmiede, 31 Fischer, 28 Schneider, 16 Drechsler und 12 Zinngießer. Dazu kamen Heringswäscher, Speckschneider, Lehmdecker und Vogelsteller, aber auch die Rüstungsproduzenten der damaligen Zeit, Speermacher, Helmschläger und Harnischmacher, außerdem natürlich die Grützmacher, die den Brauern die Gerste lieferten. Alle wohnten sie straßenweise nach ihren Zünften getrennt. Üblicherweise verkauften sie ihre Waren von einem heruntergeklappten Fensterladen aus – daher der Ausdruck »Laden«. Für den Export entstand hier wenig.

Ausgeführt wurden vor allem Bier und Salzheringe, Schweinefleisch, holsteinischer und brandenburgischer Roggen, deutsche Leinwand. Importiert wurden Wachs, Honig und Holz aus dem Osten; Heringe, Häute und Tran (für Lampen) aus Norwegen; Tuche aus England und Flandern; Butter und Vieh aus Friesland; Kupfer, Zinn und Blei aus

Böhmen und Sachsen; Wein aus dem Rheinland und aus Frankreich; Öl und Gewürze aus Südeuropa. Flandern und England waren Hamburgs bedeutendste Handelspartner, in geringerem Maße auch Norwegen und Schweden.

Freilich war der Wohlstand auch gefährdet – vor allem durch Seeräuber wie die Vitalienbrüder. Diese waren ursprünglich von Hamburg und anderen Hansestädten mit Kaperbriefen ausgestattet worden, die ihnen die Freiheit gaben,

Noch immer mit Kopf steht Störtebeker im Bronzebildnis von Hansjörg Wagner bei der Magdeburger Brücke unweit der Stelle seiner Hinrichtung

feindlichen Schiffen die Ladung abzunehmen. Meist handelte es sich um Viktualien, um Lebensmittel also. Was die Freibeuter nicht selbst brauchten, verkauften sie; so kamen sie zu dem Namen Vitalienbrüder. Später aber kaperten sie auf eigene Rechnung. Unter der Parole »Godes vrende unde al der werlt vyande« – Gottes Freund, aller Welt Feind – machten sie die Ost- und Nordsee unsicher und wuchsen sich zu einer rechten Plage aus.

Diese »Likedeeler« – »Gleichteiler« auf Hochdeutsch, weil sie die Beute zu gleichen Teilen unter sich aufzuteilen pflegten – hatten es besonders auf die Kauffahrteischiffe aus der Elbmetropole abgesehen. Im Jahre 1400 wurden sie von einer Hamburger Kriegsflotte vor Helgoland gestellt. Die beiden größten Einheiten waren ein vom späteren Bürgermeister Simon von Utrecht auf eigene Kosten beigesteuertes Schiff und die von dem Ratsherrn Hermann von Nyenkerken befehligte »Bunte Kuh«. Nach altem Seemannsgarn machte der Steuermann der »Bunten Kuh« das Steuer des Störtebeker-Schiffs in der Nacht mit geschmolzenem Blei unbeweglich. Einen Tag lang soll der Kampf auf den durch Enterhaken verklammerten Schiffen gedauert haben. Verzweifelt wehrten sich Störtebekers Leute gegen die Hamburger Kriegsknechte. Am Ende wurden sie überwältigt, ihr Anführer in einem Netz »wie ein Fisch« gefangen. Störtebeker – offenbar ein rechter Saufaus, wie jedenfalls der Name besagt: »Stürz den Becher« – wurde mit 71 seiner Spießgesellen nach Hamburg geschafft und dort auf dem Grasbrook enthauptet. Die abgeschlagenen Köpfe wurden zur Abschreckung auf Pfähle aufgenagelt und öffentlich zur Schau gestellt.

Um den Tod des Seeräubers, der bald in den Ruf eines Robin Hood zur See gelangte, ranken sich vielerlei Legenden. Die schönste geht so: Mit dem Rat habe er verabredet, dass all jenen seiner Männer die Freiheit geschenkt werde, an denen er ohne Kopf noch vorbeilaufen könne. Elf sollen es gewesen sein, dann stellte ihm der Henker ein Bein. Zwei der Seeräuberschädel sind im Museum für Hamburgische Geschichte aufbewahrt; noch heute geht von ihnen eine gruselige Faszination aus. Erhalten ist auch eine Kämmereirechnung, derzufolge der Scharfrichter de Buxtehude für seine Mühewaltung zwölf Pfund bekam, der Henkersknecht Knoker ein Pfund für das Verscharren der Geköpften, das Pfund zu 240 Pfennigen. Ein Jahr später gab es wiederum Arbeit für die beiden, als auch die übrig gebliebenen Vitalienbrüder, 80 Mann unter Führung von Godeke Michels, an der gleichen Stätte hingerichtet wurden. Aber erst nach dem Sieg der Hamburger über den dänischen Freibeuter-Admiral Klaus Kniphof fand das Piraten-Unwesen auf der Nordsee im 16. Jahrhundert ein Ende.

Grundlinie Nr. 5: Die Bürger reden mit

Eine fünfte Grundlinie hamburgischer Existenz und hamburgischen Wesens ist ebenfalls schon in der Frühzeit sichtbar geworden. Neben dem Streben nach äußerer Unabhängigkeit begann im Inneren zwar keine wirkliche Demokratisierung nach heutigem Verständnis, aber durch die Jahrhunderte ist eine Stück für Stück fortschreitende Teilung der politischen Entscheidungsmacht zu erkennen – ein Trend jedenfalls zu immer mehr Mitsprache von immer mehr Menschen in den Angelegenheiten der Stadt.

Das Hineinreden des Erzbischofs hatte man sich schon bald verbeten. Allmählich wurden nun auch die Vögte der Schauenburger Grafen entmachtet. Zwischen 1270 und 1293 erlangte der Rat nacheinander die Aufsicht über den Vogt, die eigene Gerichtshoheit, die gesetzgebende Gewalt, die eigene Münze – die volle Selbstverwaltung also, obwohl die Schauenburger formell noch die Stadtherren blieben. Wieder und wieder stritten die Hamburger mit Schleswig-Holstein und pochten auf ihre rechtliche Zugehörigkeit zum Reich. Doch tatsächlich bevorzugten sie wohl den komfortablen Schwebezustand, nicht ganz des Kaisers, aber auch nicht ganz des schleswig-holsteinischen Landesherrn Untertan zu sein.

Demokratisierung mag als Bezeichnung den Heutigen viel zu hoch gegriffen erscheinen. Doch die Entwicklung, die 1919 in die Einführung des allgemeinen Wahlrechts mündete, hat damals begonnen. Der erste Rat von 1190 hatte sich »Aristokratischer Rat« genannt und in der Tat sehr eigenmächtig regiert. Er setzte sich aus der Gilde der Reichen zusammen, woran noch heute die Kleine und Große Reichenstraße erinnern. Aber immer drängender verlangte die »meenheit« der »erbgesessenen« Bürger, der Grundbesitzer also, mehr Mitsprache. Auch die kleinen Händler und Handwerker wollten mitbestimmen. Immer wieder kam es zu Unruhen und Aufständen. So begehrten im Jahre 1375 die Handwerker – ausgenommen die »kremer, boddiker, kerzengießer und heringswascher« – gegen den Rat auf; sie verlangten, dass ihnen das »halbe Schoss«, die Hälfte der Vermögenssteuer, erlassen werde und »sunst noch etzliche Beschwerungen« vom Halse geschafft würden. Die Verständigung zwischen Ratsregiment und Bürgerschaft war nicht immer einfach. Doch ertrotzten sich die Bürger von Mal zu Mal mehr Rechte.

Große Zugeständnisse musste der Rat im August 1410 machen. Dies war dem mutigen Auftreten des Bürgers Heyno Brand zu verdanken. Der war auf der Straße dem Herzog Johann von Sachsen-Lauenburg begegnet, welcher bei ihm seit langem mit der Rückzahlung einer größeren Schuldsumme in Verzug war. Brand forderte umgehende Begleichung der Schuld. Der Herzog, erbost über diese dreiste Mahnung in der Öffentlichkeit, beschwerte sich beim Rat. Genoss er nicht dessen freies Geleit? Der Rat ließ Brand kurzerhand in den Turm sperren, ohne jede nähere Erklärung. Da gingen die Bürger auf die Barrikaden, und auch viele vermögende Kaufleute wandten sich gegen die Selbstherrlichkeit des Rates. Spontan bildete sich ein Sechziger-Gremium, das den Stadtvätern ein Ultimatum stellte. Aus Angst vor Aufruhr und Bürgerkrieg gab die Obrigkeit nach. Sie ließ Brand frei und sicherte den Bürgern in einem 20 Artikel umfassenden »Rezess« – wörtlich: Rückzug von den Maximalforderungen, im damaligen Sprachgebrauch: Vertrag, Vergleich – nach viertägigen Verhandlungen weit reichende Garantien zu. Unter anderem musste der Rat den Schutz vor willkürlicher Verhaftung garantieren: Niemand dürfe mehr ohne Anhörung durch Rat oder Gericht festgesetzt werden. Er musste zusagen, die Höhe des »Schosses« – den Steuersatz – nur im Einvernehmen mit den Bürgern festzulegen. Schließlich musste er zusichern, ohne Zustimmung der Bürger keinen Krieg zu führen. Mit Recht ist der Rezess von 1410 Hamburgs Magna Charta genannt worden. Die erste Verfassung der Stadt, könnte man auch sagen: ein Sieg der Bürger jedenfalls.

Bürger waren Ende des 14. Jahrhunderts freilich nur rund 2000 der etwa 14.000 Einwohner. Das Bürgerrecht blieb jedem verwehrt, der nicht ein unbelastetes »Erbe« in der Stadt besaß, ein schuldenfreies Grundstück also, der unehelich geboren war oder einen »unehrlichen Beruf« ausübte wie Bader, Henker und Abdecker; erst recht den vielen aus dem Umland zugewanderten Hörigen. Immerhin erhielten diese gemäß dem Grundsatz »Stadtluft macht frei« nach »Jahr und Tag« – einem Jahr und einem Tag – in der Stadt ihre Freiheit.

Grundlinie Nr. 6: Finassieren, Taktieren, Lavieren

Eine sechste Grundlinie Hamburger Machens und Tuns schälte sich in jener Epoche gleichfalls heraus: In ihrer auswärtigen Politik achteten die Elbstädter sorgsam auf Neutralität und Manövrierfähigkeit. Schon innerhalb des Hansebundes legten sie Wert auf freie Hand. Geschickt finassierten, taktierten und lavierten sie – zwischen Hanse, Kaiser, dem dänischen Hof, immer auf ihre Selbstständigkeit, Handlungsfreiheit und die Wahrung der städtischen Interessen bedacht. Handelspolitisch gingen sie ihre eigenen Wege, als der Schwerpunkt des Kommerzes sich – mit der Westwanderung der Heringe und der Entdeckung Amerikas – von der Ostsee zur Nordsee verlagerte. Symbolischer Ausdruck dieses merkantilen Sonderweges war 1517 die Bildung des Kaufmannsrates, der seit Ende des 16. Jahrhunderts den Titel »Versammlung Eines Ehrbaren Kaufmanns« führt. Der Vorstand sollte »alles Notwendige zu des Kaufmanns Nutzen fördern und Nachteile verhüten«. Dazu gehörte die Verteidigung des freien Handels ebenso wie die Streitschlichtung in den eigenen Reihen, aber auch die Interessenvertretung der Handelsherren gegenüber dem Stadtregiment: Der »Ehrbare Kaufmann« war das Gegenüber des »Ehrbaren Rats«.

Von 1665 bis 1933 wählte die Versammlung des Ehrbaren Kaufmanns die Mitglieder der Commerzdeputation und der 1867 aus ihr hervorgegangenen Handelskammer. Deren Präses erstattet noch heute alljährlich zum Jahresende vor dem traditionellen Kaufmanns-Gremium seinen Bericht zur wirtschaftlichen Lage der Stadt. Er besitzt übrigens als Einziger einen Schlüssel zu der Pforte am Ende des Geheimganges, der die Handelskammer mit dem Rathaus verbindet. Der Bürgermeister hat keinen Schlüssel. Zugang und Einwirkung vollziehen sich im Einbahnverkehr – ein Symbol für die Machtverteilung jedenfalls in der Handelsrepublik der Vergangenheit.

Hamburg wurde nicht nur zum wichtigsten nordeuropäischen Ausfuhrhafen für Getreide. Seine Schiffe brachten bald schon die Schätze der Neuen Welt in die Heimat. Die Stadt entwickelte sich, wie der Ratsphysikus Bökel 1597 in seiner Pestordnung schrieb, zum *florentissimum emporium totius Germaniae*: zum blühendsten Handelsplatz ganz Deutschlands. Der Elbstrom wurde zur Lebensader der Hafenstadt.

Die städtische Außenpolitik galt von jeher schon der Sicherung der Verkehrswege, zumal der Elbschifffahrt. Abmachungen mit Magdeburg, Bremen, Stade und den Dithmarscher Kirchspielen dienten diesem Zweck, besonders aber der Vertrag mit dem Land Hadeln. Er gab den Hamburgern 1299 das Recht, auf der unbewohnten Wattenmeerinsel »Nige O« einen Leuchtturm zu errichten: Neuwerk. Knapp 100 Jahre später eroberten die Hamburger – genauer: ein Bürgermeister mit Sturmhaube und einer Hand voll Landsknechte – Ritzebüttel im heutigen Cuxhaven und setzten sich damit dauerhaft an der Elbmündung fest; erst bei der Bildung Groß-Hamburgs 1937 wurde es preußisch. Doch bis in die jüngste Zeit hinein unterhielt die Hamburger Wasserschutzpolizei, die von Schnackenburg bis zur Elbmündung für Ordnung und Sicherheit zuständig ist, eine Wache im Cuxhavener Amerikahafen. Tonnen und Baken machten die Elbe nach 1450 zum Hamburger Strom. Früh schon leiteten Lot-

Jedes Jahr im Februar das wichtigste Ereignis in Hamburgs Gesellschaftskalender: Matthiae-Mahlzeit im Festsaal des Hamburger Rathauses

sen die Schiffe in den Hafen und wieder hinaus zur Mündung des Flusses. Gleichzeitig wurde ein städtisches Geleitwesen auf der wichtigen Landverbindung mit dem vielfach verbündeten Lübeck eingerichtet. Die Erfordernisse des Handels bestimmten die auswärtige Politik Hamburgs.

Dessen Förderung diente auch die auf das Jahr 1356 zurückgehende Matthiae-Mahlzeit, das älteste Festbankett der Welt. Das Gastmahl wird – »so die Zeitläufte es erlauben« – alljährlich zu Matthiae (24. Februar) für die Vertreter der »Hamburg freundlich gesonnenen Mächte« und handverlesene Gäste gegeben; 40 wurden vor 600 Jahren geladen, heute sind es um die 420. Zu einer der ersten Matthiae-Mahlzeiten wurden nach einer erhaltenen Rechnung 29 Lämmer geschlachtet, neun Schafe, vier Rehe, fünf Kapaunen und 145 Hühner. Dazu kamen 1000 Austern, 3300 Eier und 87 Pfund Mandeln. Seit jeher werden bei der üppigen »Gasterey«, wie Klaus von Dohnanyi, Bürgermeister von 1981 bis 1988, einmal schmunzelnd bekannte, gegenüber den ausländischen Gästen die gefährlichsten Waffen des Stadtstaates eingesetzt: gutes Essen und das offene Gespräch über den wohl gedeckten Tisch hinweg.

Gutes Essen: Das hieß jahrhundertelang vor allem schweres Essen. Es wurde aufgefahren, was Küche und Keller hergaben: Aalragout mit Trüffeln, Forellen, Lachs, Kapaun, Rehrücken, Kalbsviertel und Ochsenzunge im Mandelteig, zum Nachtisch Bickbeeren; dazu Wein und Bier in Hülle und Fülle. Alles kam gleichzeitig auf den Tisch. Heutzutage begnügt man sich mit vier aufeinander folgenden Gängen, dreierlei Weinen, Mokka (»Hanseatenmischung«), Cognac und Likören.

Die Matthiae-Mahlzeit ist auch ein Augen- und Ohrenschmaus. Wenn vor Zeiten angeordnet war, »auf des Rates Tische vor den fremden Ministern ein Messer aufzudecken«, so entfaltet die Stadt heute traditionsbewusstes Gepränge. Die Silberkammer wird geöffnet, kostbare Tafelaufsätze und Pokale werden aus dem Tresor geholt. Nur die Bestecke sind nicht mehr echt: Da offenbar zu viele der hochmögenden Gäste versucht waren, das eine oder andere Erinnerungsstück im Kummerbund oder in der Handtasche verschwinden zu lassen, werden jetzt bloß versilberte Zweitausfertigungen aufgelegt. Aber das Geschirr, der Blumenschmuck, die Prunkschalen – das ist alles vom Feinsten wie eh und je. Neunfach grüßt das Senatswappen auf jedem Gedeck: vom goldgeränderten Teller, von Messer, Gabel, Löffel und Dessertbesteck, leuchtend von den drei langstieligen, handgeschliffenen Kristallgläsern.

Und wie einst schon, als der Kaiserliche Gesandte an der Spitze der Würdenträger stand, gefolgt vom holländischen Gesandten und dem »Courtmaster« der englischen Kaufleute, die nächsten Plätze aber zwischen dem Domdechanten und dem Stadtkommandanten heftigst umstritten waren, so gibt es auch heute um die Rangfolge jedes Mal Gerangel – die Begriffe »Rang« und »Gerangel« hängen durchaus zusammen. Nach altem Brauch sitzen an fünf langen Tischreihen jeweils 80 der Geladenen. Ein Kuriosum ist dabei, dass am unteren Ende einer jeden Tafel, weitab vom Gastgeber, ein Senator platziert wird, umrahmt von wichtigen Gästen. So kann niemand sich beklagen, er säße unterhalb der Tischmitte unter »ferner liefen«.

Das größere Problem liegt jedoch darin, überhaupt auf die Liste der ausgesiebten Gäste des Senats zu kommen. Nach wie vor werden alle Konsuln und ihre Damen gebeten – sie besetzen allein schon 192 Plätze. Bisher wurden viele andere Jahr für Jahr immer wieder eingeladen. Der Beust-Senat brach mit den alten Gepflogenheiten: Jetzt gilt das Prinzip der Abwechslung. Dies ist auch deswegen nahe liegend, weil die Matthiae-Mahlzeit in Zukunft jedes Mal unter ein bestimmtes Thema gestellt werden soll; aus der thematischen Vorgabe resultiert jeweils eine andere Gästeliste.

Fast 300 Jahre lang durften nur Männer an dem Gastmahl teilnehmen. Erst seit 1622 erhalten auch Damen Zutritt. Sie wurden allerdings noch lange in einem Nebengemach bewirtet und mussten dort warten, bis sich »die Herren ihrer bedienten« – zum Tanze, wohlgemerkt. Bis in die 1980er-Jahre hinein waren ausschließlich einander ehelich angetraute Paare zugelassen, bloßen Lebensgefährtinnen oder Lebensgefährten blieb der Einlass verwehrt. Aber auch in diesem Punkt geht Hamburg neuerdings mit der Zeit. Der Auftritt eines schwulen Paares, der 1982 noch einen Skandal auslöste, würde heute keinen mehr aufregen.

Niemand, der einmal dabei gewesen ist, wird sich der traditionssatten hanseatischen Atmosphäre entziehen können, den – meist – geistreichen Ansprachen der Senatspräsidenten, der zuweilen hochpolitischen Bedeutung der Festreden deutscher oder ausländischer Staatsmänner. Und schon gar nicht dem Wohlklang der Tafelmusik aus der Feder von Hamburgs berühmtem städtischen Musikdirektor Georg Philipp Telemann. Seine barocken Melodien wehen auch heutzutage noch in die lebhaften Tischgespräche hinein: »zu ergötzen die Herzen / mit Singen und Scherzen / weil Hamburgs regierender Götterkreis lacht«.

Auch nach dem Zweiten Weltkrieg schmückte sich Hamburgs regierender Götterkreis gern mit Majestäten. Kaiser Haile Selassie von Äthiopien war 1954 zu Gast, der Schah von Persien mit Kaiserin Soraya ein Jahr später; Königin Elizabeth II. kam 1965 mit ihrer Yacht »Britannia« zum Festmahl angereist; Königin Juliane der Niederlande verlor 1971 im Treppenaufgang des Rathauses einen kostbaren Stein ihres Colliers (ein Rathausdiener fand ihn wieder); König Hussein von Jordanien beehrte die Hamburger 1978. Auch der füllige Taufa'ahau IV., König von Tonga, belastete das Rathaus: Ein für seine fulminanten Maße eigens angefertigter Stuhl wurde aus Bremen herbeigeschafft. Im Jahre 2003 musste sich Schwedens Königin Silvia den Platz am Ehrentisch mit der Tenniskönigin Steffi Graf teilen. Bürgermeister Ole von Beust erklärte Hamburgs Vorliebe für gekrönte Häupter damit, dass der Stadtstaat als »eine Art republikanischer Hochburg« gerade deswegen Königshäusern mit besonderem Interesse zugetan sei.

Ihre diplomatischen Erfolge hat sich die Stadt schon immer gern erdient, erdienert oder erdiniert. Zuweilen geht das auch schief. Man erinnert sich im Rathaus daran, wie 1994 der stellvertretende Bürgermeister von St. Petersburg wütend seine Serviette zusammenknüllte, sie auf den Tisch warf und demonstrativ über das knarzende Parkett aus dem Saal stürmte, weil der estnische Präsident Lennart Meri, der Festredner des Abends, Russland imperialistischen Appetit unterstellte. Vergebens hatte der Handelskammer-Präses den estnischen Gast, dessen nächste Familienangehörige in sibirischen Lagern umgekommen waren, zur Mäßigung gemahnt. Der hinausstürmende Petersburger hieß übrigens Wladimir Putin.

Diplomatie ist Glückssache, heute wie vor 400 Jahren. Damals schon setzte man alles daran, nach Möglichkeit neutral zu sein. Im Dreißigjährigen Krieg zahlte sich diese Haltung aus. Kaiser Ferdinand II. bestätigte 1628 die alten Elbprivilegien und erweiterte sie sogar: Von der See bis Hamburg und noch fünf Meilen stromaufwärts durften am Ufer keine Befestigungen oder Verschanzungen angelegt werden; Hamburg erhielt das Zollmonopol und wurde beauftragt, Freibeuter und Reichsfeinde von der Unterelbe fern zu halten. Die Stadt – inzwischen die stärkste Festung im Reich – blieb verschont von Belagerung, Brandschatzung und Zerstörung. Auf ihrem Boden wurde 1642 ein Vorfriede vereinbart. Es dauerte dann allerdings noch sechs Jahre, bis der endgültige Friedensschluss in Münster und Osnabrück besiegelt wurde: der Westfälische Frieden.

Die neuere Zeit

Der Dreißigjährige Krieg hat Deutschland verheert, seine Bevölkerung um ein Drittel reduziert. Hamburg war mit Glück und Geschick durch die Kriegswirren gekommen, anders als etwa die Hansestädte Stade, Stralsund oder das 1631 niedergebrannte Magdeburg. Aber die Hanse, die schon im 16. Jahrhundert zu ziemlicher Machtlosigkeit herabgesunken war, zerfiel nun vollends. Beim Hansetag 1629 waren die Städte Hamburg, Lübeck und Bremen beauftragt worden, fürs Erste die Interessen der Hanse zu wahren. Eine Wiederbelebung nach dem Westfälischen Frieden misslang. Ein letzter, jahrzehntelang verschleppter Hansetag fand 1669 statt; dies war das Ende. Übrig blieb nur ein begrenzter Bund, die »Hanseatische Gemeinschaft« der drei großen norddeutschen Städte. Er rettete den Namen der Hanse, den gemeinsamen Besitz einiger Immobilien im Ausland wie des Stalhofs in London und des Hauses der Osterlinge in Antwerpen, eine Reihe von Handelsverträgen und ein fortwirkendes Gefühl engerer Zusammengehörigkeit in spätere Zeiten hinüber. Doch der schützende Rahmen war dahin, in dem Hamburg drei Jahrhunderte lang immer wieder Rückhalt für seinen Wohlstand und seine Sicherheit gefunden hatte. Seine Unabhängigkeit und Neutralität – nach wie vor die Leitlinien der städtischen Politik – musste es in dem veränderten außenpolitischen Umfeld nun aus eigener Kraft bewahren.

Hansestädtische Diplomatie

Dieses Umfeld war bestimmt von vielfältigen Gegensätzen: der dänisch-schwedischen Auseinandersetzung; den Konflikten zwischen dem Reich und Frankreich, England und Frankreich, später Preußen und Österreich. Ein weiteres Mal flackerte mit Macht auch die alte hamburgisch-dänische Fehde wieder auf. Abermals musste die Stadt endlos im Parallelogramm der bestimmenden Kräfte – Kaiser, Reichsfürsten, ausländische Mächte – lavieren, um ihre Unabhängigkeit, ihre Elbprivilegien, ihre Handelsdominanz zu behaupten. Dies ging nicht ohne mancherlei Demütigungen, herbe Kompromisse, Halbheiten oder Doppelspiele ab, auch nicht ohne Zahlung von Millionen Talern an Erpressungsgeldern und Kriegskontributionen. »Selbstständigkeit und Neutralität hatten ihren Preis«, resümiert Hans-Dieter Loose. Doch erreichte die Diplomatie des Rates ihren Zweck: im heiklen Beziehungsgeflecht zwischen Kaiser, Fürsten und Städten, aber auch zwischen den ausländischen Mächten die Stellung Hamburgs zu behaupten. Diesem Zweck diente der Neutralitätskurs, daneben eine Vielzahl von Handelsverträgen und Gesandtschaften.

Immer wieder ging es dabei um Elbzölle und Stapelzwang, um die Konkurrenz der dänischen Städte Glückstadt und Altona wie des welfischen Harburg, um Kaperschäden und den Schutz der freien Schifffahrt in Kriegszeiten; öfter auch um das hamburgische Botenwesen und die Rechte fremder Postlinien. Dieser Themenfächer zeigt schon an, worauf es Hamburg vor allen Dingen ankam: auf die Befestigung und den Ausbau seiner Stellung als kommerzielle Macht und Finanzplatz.

Handel im Wandel

Noch immer ruhte die Wirtschaftskraft der Stadt auf den beiden Pfeilern Handel und Schifffahrt. Aber auch andere Betätigungsfelder gewannen zunehmend an Bedeutung. Seit 1558 gab es eine Börse, die erste in Deutschland und die vierte in Europa. Vermehrt wurden nun Finanzgeschäfte getätigt, zumal nach der Gründung der Hamburger Bank, die im Jahre 1619 gemäß Amsterdamer Vorbild errichtet wurde und in der Folgezeit nicht nur die Währung stabilisierte, sondern auch viel auswärtiges Kapital anzog. Eine dritte Einrichtung zur Sicherung des Hamburger Handels wurde 1665 ins Leben gerufen: die Commerzdeputation. Sie setzte sich ausschließlich aus Vertretern der »zur See handelnden Kaufleute« zusammen und sollte den Rat auf Entwicklungen im Handel und auf des-

Sitz der Handelskammer ist die 1841 nach den Plänen von Wimmel und Forsmann fertig gestellte Börse. Stahlstich um 1850

sen mögliche Gefährdungen hinweisen. Dieser Wirtschaftsausschuss, wie man heute sagen würde, gewann für lange Zeit maßgeblichen Einfluss auf die Stadtpolitik. Er nahm seinen Sitz in der Alten Börse, die in einem prächtigen Renaissancebau unmittelbar neben dem Rathaus residierte. 1842 ging er im Großen Brand verloren. Im Jahre 1867 wurde aus der Commerzdeputation die Handelskammer. In diesen drei Einrichtungen – Börse, Hamburger Bank und Commerzdeputation – spiegelte sich die Bedeutung der neuen Handelsherren.

Um keinen falschen Eindruck zu erwecken: Auch für das geistige Leben wurde damals einiges getan, zumal nach dem Sieg der Reformation in der Stadt. Das Jahr 1529 sah die Gründung der Gelehrtenschule des Johanneums. 74 Jahre später, 1613, wurde das Akademische Gymnasium gegründet, eine Gelehrten- und Bildungsstätte, an der sich die Absolventen des Johanneums dem Studium der *artes liberales* widmen konnten, ehe sie sich an einer Universität einschrieben. Das Akademische Gymnasium erlangte einen glänzenden Ruf. Doch musste es aus Mangel an Bewerbern 1883 schließen. Das Johanneum gibt es noch heute, ebenso das seit 1738 bestehende Altonaer Christianeum.

Um die gleiche Zeit entfaltete sich in Hamburg ein frühes Pressewesen. Die erste Zeitung kam 1618 heraus, die »Wöchentliche Zeitung aus mehrerlei örther«. Andere folgten: der »Relations-Courier« und der »Nordische Mercurius«, die »Stats- und Gelehrte Zeitung des Hamburgischen unpartheylichen Correspondenten« (später: »Hamburgischer Correspondent«) und die erste Wirtschaftszeitung, die »Hamburgischen Adress Comtoir-Nachrichten«, zeitweise herausgegeben von Friedrich Gottlieb Klopstocks Bruder Victor Ludwig Christian. Auch diese Publikationen dienten freilich in erster Linie dem Kommerz. »Was mir wird zu See und Land / angebracht mach ich bekannt«, lautete das Motto des »Nordischen Mercurius«. Nachrichten bedeuteten Geld, schnelle Nachrichten viel Geld.

Statistische Aussagen über Umfang und Umsätze des Handels nach dem Dreißigjährigen Krieg lassen sich schwer treffen. Man weiß nur, dass die Niederländer ein Drittel der Ausfuhr abnahmen, Spanien und Portugal ein Fünftel, Frankreich und England je etwa sieben Prozent, Skandinavien rund zwölf Prozent; nach Italien, Russland und Nordamerika ging zusammen nicht mehr als ein Prozent. Im 18. Jahrhundert wurde der Frankreich-Handel immer gewichtiger. Die Franzosen bezogen über Hamburg Getreide, Holz, Felle, Wachs und Fleisch; dafür verfrachteten die hansischen Kaufleute französische Produkte wie Papier, Seidenstrümpfe und Glas an ihre Kunden in ganz Europa. Hamburg wurde *der* Einfuhr- und Ausfuhrhafen Deutschlands.

Über den Hafen gingen Tuche wie Samt und Seide, Gewürze, Tabak, Kaffee, Tee und Kakao ins Binnenland. Von dort kamen schlesisches und westfälisches Leinen, sächsische und böhmische Metallprodukte, brandenburgisches Holz und Getreide über die Elbmetropole auf den Weltmarkt. Hamburger Gewerbe wie Zuckersieder, Goldschmiede, Instrumentenbauer oder Kattundrucker lieferten ebenfalls begehrte Exportwaren, wohingegen das Handwerk vor allem für den Bedarf in der Stadt selbst arbeitete. Der Export von Bier allerdings, einst Hamburgs bedeutendstes Ausfuhrprodukt, ging unaufhaltsam zurück.

Der Aktionsradius der Kaufmannschaft wurde nun immer größer. Die Schiffe unter Hamburger Flagge liefen Lissabon und Porto an, Cadiz und Sevilla, die Kanaren und die Azoren; nach 1600 auch italienische Häfen und die marokkanische Küste.

Handel braucht Schutz. Neutralität hieß nicht, dass man sich nicht seiner Haut wehrte. Je weiter die hamburgischen Kaufherren ihre Kreise zogen, desto nötiger wurde es, ihren

Schiffen Geleitschutz zu bieten. Auf der England-Fahrt, der Bergen- und Schonen-Fahrt, der Spanien-Fahrt, der Grönland-Fahrt, aber auch auf den Amerika-Routen bedrohten Seeräuber die Kauffahrer. Wie sie sich einst gegen die Vitalienbrüder des Klaus Störtebeker gewehrt hatten, so traten die Hamburger nun der neuen Bedrohung entgegen. Um dem Treiben der Freibeuter Einhalt zu gebieten, wurde 1623 die Admiralität gegründet, eine aus Ratsherren und Vertretern der Kaufmannschaft gebildete Behörde, die später auch die Hafenverwaltung, das Lotsenwesen, die Fahrwasserkennzeichnung auf der Elbe und, in erster Instanz, die Seegerichtsbarkeit übernahm. Lange Zeit verfügte die Admiralität nicht über eigene Kriegsschiffe, sondern musste normale Kauffahrteischiffe mit Kanonen bestücken und mit Kriegsknechten bemannen; ab und zu mietete sie sich auch ein Geleitschiff. Auf die Dauer reichte dies nicht aus.

Endgültig kam der Rat in Zugzwang, als algerische Korsaren 1661 in die Elbmündung eindrangen, acht Hamburger Portugalfahrer aufbrachten und 119 Seeleute als Sklaven nach Nordafrika verschleppten. Die Bestückung der Geleitschiffe mit 70 kleinen Kanonen hatte nichts genützt. Der entstandene Schaden belief sich auf 1,5 Millionen hamburgische Mark. Dazu kamen die Lösegelder – 7000 Mark für einen Kapitän, 2400 Mark für einen Matrosen; in den Kirchen standen Opferstöcke für derlei Zwecke. Ab und zu gelang es aber auch, einige Dutzend Seeräuber gefangen zu nehmen; diese wurden dann in Algier gegen gefangene Hamburger Seeleute ausge-

Mächtiger Schutz für Hamburgs Kauffahrteischiffe: die ersten beiden »Convoyer« im Jahr 1688

tauscht. Um den Piraten das Handwerk zu legen, beschloss die Admiralität im Jahre 1662, zwei eigene Konvoischiffe auf Stapel zu legen. Die 1668/69 fertig gestellten »Wapen von Hamburg« und »Leopoldus Primus« sollten dafür sorgen, dass den Hamburger Kaufleuten und Schiffern »die Nahrung von Frembden nicht ganz vor dem Maule hinweg genommen würde«. Die beiden Kriegsschiffe – jedes mit 54 Kanonen bestückt und mit 100 Matrosen plus 50 Seesoldaten bemannt – wurden vielfach eingesetzt und mussten auch immer wieder gegen nordafrikanische Barbaresken und türkische Piraten oder französische Kaperer ihre Waffen gebrauchen.

Die »Wapen von Hamburg« unter dem Kommando des Admirals Berend Jacob Karpfanger ging im Oktober 1683 –

im selben Jahr, in dem die Türken Wien belagerten – an der Reede von Cadiz in Flammen auf. Der Vorsteher der »Bruderschaft der seefahrenden Schiffer« war 1674 als Konvoikapitän vereidigt worden. Seitdem hatte er mit seemännischem Geschick, diplomatischem Talent und Kriegerglück elf Konvoifahrten – zwei ins Eismeer, neun nach Spanien – erfolgreich hinter sich gebracht. Zum gefeierten Hamburger Seehelden war er 1678 geworden, als er in der Elbmündung den Angriff von fünf französischen Kaperschiffen abwehrte, die es auf seinen Konvoi von 50 Grönland-Fahrern mit 500 Walen an Bord abgesehen hatten; in einem zwölfstündigen Gefecht versenkte er zwei der Angreifer und schlug die übrigen in die Flucht. Auch seine neunte Spanien-Fahrt hatte er glücklich absolviert. Am nächsten Tag wollte er mit Rückfracht zur Heimreise auslaufen. Während der Abschiedsfeier auf dem Kastell brach auf dem Schiff Feuer aus. Die Pulverkammern explodierten; 64 Soldaten und Matrosen kamen um. Karpfanger blieb an Bord, seinem Schwur getreu, eher Gut und Blut, Leib und Leben zu opfern, als sein Schiff zu verlassen. Er wurde zuletzt auf dem brennenden Oberdeck gesehen. Am anderen Morgen trieb die Leiche des Admirals an ein englisches Schiff. Die Stadt Cadiz sorgte für eine würdige Trauerfeier. König Karl II. von Spanien ließ über dem Grab des tapferen Seemanns, der 1681 eine spanische Silberflotte vor türkischen Korsaren gerettet hatte, ein Denkmal errichten. Der Hamburger Rat hingegen feilschte mit dem Vormund der fünf hinterbliebenen Kinder Karpfangers um eine

Entschädigung und zahlte schließlich nur die Hälfte der vereinbarten Summe.

Eine neue »Wapen von Hamburg« wurde 1687 in Dienst gestellt. Mit dem Namen Karpfanger verband sich später noch einmal ein Hamburger Schiffsunglück: 1938 sank das auf den Namen »Admiral Karpfanger« getaufte Segelschulschiff der Hamburg-Amerika-Linie bei Kap Hoorn. Dabei fanden 60 Seekadetten den Tod.

Mit der Seemacht-Herrlichkeit war es in Hamburg übrigens bald wieder vorbei. Zu Beginn des 18. Jahrhunderts wurde noch einmal eine dritte »Wapen von Hamburg« in Dienst gestellt. Danach jedoch verzichtete das kaufmännisch denkende Hamburg auf eigenen Geleitschutz; 1747 wurde die Konvoifahrt eingestellt. Man verließ sich hinfort lieber auf die »Sklavenkasse«, um seine gefangenen Seeleute auszulösen, und auf Abkommen mit den Barbaresken. Noch zu Beginn des 19. Jahrhunderts pflegte die Hansestadt ihren Handel durch Tributärverträge mit den Piraten zu sichern.

In dem Maße, in dem die *terra cognita* im Zeitalter der Entdeckungen sich ausweitete, erweiterte sich auch das Geschäftsfeld. Hamburger Handelshäuser holten nach 1750 Kaffee aus Arabien, Tabak aus Baltimore, Baumwolle aus Georgia, Kakao aus Surinam und Gummi aus Afrika. Auch beim Sklavenhandel taten sie kräftig mit.

Vier Generationen später waren die Kaufmannsreeder vom Schlage der Godeffroys, Woermanns, Laeisz', Schimmelmanns und Slomans überall zu finden: in Lateinamerika, in

Ostafrika, in der Südsee, im chinesischen Kanton, in den australischen Häfen Adelaide, Melbourne und Sydney. In Kamerun, auf Sansibar, Samoa und den Marianen legten die Kaufleute aus Hamburg und Bremen den Grund für die späteren deutschen Kolonien. Ihr Ehrgeiz, ihr Wagemut, ihr diplomatisches Geschick stießen das Deutsche Reich vor 120 Jahren in den ersten großen Globalisierungsschub.

Der alte Reichskanzler Otto von Bismarck machte dabei nur widerwillig mit. Der »deutsche Kolonialschwindel« erschien ihm »tölpelhaft«. Nichts Schlimmeres könne uns passieren, als dass uns jemand das ganze Afrika schenkte, sagte er im Reichstag. Auch sein Nachfolger Caprivi verspottete die Weltmachtträume der Kolonialschwärmer. »Je weniger Afrika, desto besser für uns«, lautete seine Maxime.

Doch der Drang ins Weite war stärker in den Hansestädten. Die von Joachim Ringelnatz besungenen Ameisen wirken da ganz untypisch:

In Hamburg lebten zwei Ameisen,
Die wollten nach Australien reisen.
Bei Altona auf der Chaussee,
Da taten ihnen die Beine weh,
Und da verzichteten sie weise
Dann auf den letzten Teil der Reise.

Anders als Ringelnatzens Krabbel- und Kribbeltiere waren die »Wasserhamburger«, wie der Hamburger Historiker

Percy Ernst Schramm sie genannt hat, überall. Viele, notierte 1870 Julius von Eckardt, der später Senatssekretär wurde, kannten jede Stadt am Mississippi und waren zwanzig Mal in London gewesen, aber niemals in Berlin. Der Hauptgeschäftsführer der Handelskammer, Hans-Jörg Schmidt-Trenz, kommt heute zu demselben Befund: »Der Hamburger kennt sich besser in Singapur oder Hongkong aus als im Rest von Deutschland.« Manch einer brachte sich seine Frau aus Übersee mit. Bis zum Zweiten Weltkrieg war es keine Seltenheit, dass Hamburger Kaufleute durch die ganze Welt reisen konnten, indem sie sich von Vetter zu Vetter und von Geschäftsfreund zu Geschäftsfreund weiterhelfen ließen. Und noch nach 1945 lernten viele von der Pike auf: Der künftige Reeder arbeitete bei den Schauerleuten im Hafen; der spätere Lederhändler sortierte übel riechende Häute in der Speicherstadt und trieb sich eine Zeit lang als Gaucho in Argentinien herum; der Getreidehändler tummelte sich auf den Weizenfeldern Amerikas, Australiens und Osteuropas.

»Mein Feld ist die Welt« – der Wahlspruch, den Albert Ballin für die 1847 gegründete »Hamburg-Amerikanische Packetfahrt-Actiengesellschaft« prägte, die Hapag, hätte auch das Motto Hamburgs sein können.

Das Denken in weltweitem Rahmen ist in der Hansestadt bis heute nicht ausgestorben. Ganz im stolzen Geiste der Altvorderen heißt es im Vorspruch der Landesverfassung vom 6. Juni 1952: »Die Freie und Hansestadt Hamburg hat als Welthafenstadt eine ihr durch Geschichte und besondere

Lage zugewiesene besondere Aufgabe gegenüber dem deutschen Volke zu erfüllen. Sie will im Geiste des Friedens eine Mittlerin zwischen allen Erdteilen und Völkern der Welt sein.«

In unseren Ohren mag dies heutzutage einen Tick zu großspurig klingen: 1,7 Millionen Hansestädter gegen den Rest der krisengeschüttelten und kriegsgeplagten Welt. Doch zeigt der zitierte Verfassungssatz, dass die Hamburger schon in globalen Bezügen dachten, als der Begriff »Globalisierung« noch lange nicht erfunden war, und vor allem, dass man sich nie wieder in den Dienst eines gefährlichen Nationalismus stellen lassen wollte.

Auf dem Weg zur modernen Metropole

Die politischen, wirtschaftlichen und gesellschaftlichen Wandlungen des 19. Jahrhunderts haben Hamburg von Grund auf verändert. Die alte Eigenständigkeit wurde nun in den viel engeren Rahmen des Deutschen Reiches gezwängt. Die wirtschaftliche Entwicklung nahm eine neue Richtung, neben den Handel trat nun die Industrie. Hamburgs Stadtbild wandelte sich rapide; die innere Stadt wurde zu einer »City« umgebaut. Das Anwachsen der Stadtbevölkerung aber – noch vor dem Ersten Weltkrieg wurde die erste Million erreicht – bewirkte eine tief greifende Wandlung der sozialen Struktur, die auch die politische Landschaft massiv veränderte.

Bis zur Gründung des Norddeutschen Bundes 1867 hatte die Hansestadt ihre eigene Außen- und Außenhandelspolitik betrieben. Sie schloss Handelsverträge ab, unterhielt 279 Vertretungen in aller Welt, von Siam über Sansibar bis São Paolo, und schickte ihre Schiffe unter der eigenen Flagge, den weißen Türmen im roten Feld, auf die sieben Weltmeere. Mit der deutschen Einigung aber verschwand die Flagge von den Meeren; zugleich verschwanden die eigenen Konsulate. Das alte Bürgermilitär mit seiner gelegentlichen Wachdienstpflicht wurde aufgelöst; an seine Stelle trat die allgemeine Wehrdienstpflicht im preußischen Infanterie-Regiment (2. Hanseatisches) Nr. 76. Preußische Uniformen prägten fortan das Stadtbild. Herrschte anfangs noch Betrübnis ob der verlorenen Selbstständigkeit, vertieft durch die Sorge, man werde zum ungeliebten Stiefkind der Berliner Regierung werden, so änderte sich dies zusehends. Der nationale Gedanke überlagerte bald das vaterstädtische Empfinden. Glanz und Gloria des Kaiserreiches verfehlten ihre Wirkung nicht. Sie gestatteten es den Hamburgern, sich ein warmes Gefühl für die engere Heimat zu bewahren, doch zugleich den ehrgeizigen Kolonialträumen und Flottenambitionen der Epoche nachzuhängen.

Um die gleiche Zeit begannen sich die alten Wirtschaftsstrukturen aufzulösen. Industrialisierung bedeutete Spezialisierung; Güterherstellung wurde so wichtig wie der Handel. Der Kaufmannsreeder von ehedem geriet außer Mode; die Kaufleute schieden sich von den Reedern. Immer mehr Industrie siedelte sich an. Zu Kaffeeröstereien und Reismühlen kamen die Kautschuk- und Asbestverarbeitung. Die Norddeutsche Affinerie etablierte sich 1866, Textilunternehmen und Pharmafirmen entstanden, Steinway fand in Hamburg (neben New York) seinen zweiten Standort. Die Werftindustrie wuchs und wuchs – zur traditionsreichen Reiherstiegwerft und der Stülckenwerft kamen nun Blohm und Voss (1877), die Vulkanwerft (1909) und die Deutsche Werft (1918) hinzu. Dies machte Hamburg nach der Reichsgründung 1871 zur zweitgrößten deutschen Industriestadt. Maschinen- und Elektrofirmen, Ölraffinerien und Asbestfabriken schufen Arbeitsplätze. Wurden im Jahre 1886 erst 600 Industriebetriebe mit 18.000 Arbeitern gezählt, so waren es 1900 schon 1400 Firmen mit 30.000 Arbeitern und 1914 über 5000 Produktionsstätten mit 115.000 Arbeiterinnen und Arbeitern. Dazu kamen noch 50.000 Handwerker. Zusammen machten Industriearbeiterschaft und Handwerker 43 Prozent der Beschäftigten aus. Aber auch die Banken vergrößerten sich, und mit der von Kaufleuten gegründeten Albingia und der Hamburg-Mannheimer Versicherungs-Aktien-Gesellschaft blühte die Assekuranzbranche in der Stadt mächtig auf.

Hafen und Schifffahrt blieben Hamburgs Herz. Bei acht Millionen Bruttoregistertonnen lag das Schiffsaufkommen um die Jahrhundertwende. Die 1847 gegründete Hapag hatte ursprünglich bewusst nur Segelschiffe eingesetzt, aber der Siegeszug der Dampfschifffahrt ließ sich nicht aufhalten. Um 1895 liefen 349 Dampfer unter den Flaggen Hamburger Reedereien; kurz vor dem Ersten Weltkrieg waren es 764. Die Hapag, geführt von Albert Ballin, »des Kaisers Reeder«, besaß allein eine Flotte von 175 Seeschiffen; damit war sie die größte Schifffahrtsgesellschaft der Welt. (Es war übrigens der legendäre Hapag-Chef, der die Kreuzfahrten erfand: 1891 schickte er die »Augusta Victoria« mit sonnenhungrigen Urlaubern ins Mittelmeer.) Kurz vor dem Ausbruch des Ersten Weltkrieges liefen die »Imperator« und die »Vaterland« vom Stapel, mit je 4000 Passageplätzen damals die reinsten Weltwunder.

Nach 1918 musste ein Großteil der Hamburger Flotte an die Siegermächte ausgeliefert werden, doch schon 1926 fuhren abermals 115 Schiffe unter der Flagge der Hapag. Auch nach dem Zweiten Weltkrieg hieß es wieder ganz von vorne anfangen. Als junger Bundestagsabgeordneter schlug sich Helmut Schmidt, der seine politische Karriere als Verkehrsfachmann begann, noch lange mit der Aufhebung der alliierten Anordnung herum, nach der es den Deutschen verboten war, Schiffe zu bauen, die bestimmte Tonnage- und Geschwindigkeitsgrenzen überschritten. Die letzte Sperre fiel erst 1951. Nach dem Kriege erreichte die Hamburger Handelsflotte nie wieder die alte Größe, zumal aus Kostengründen bald das Ausflaggen überhand nahm. Heute sind in der Hansestadt mehr als 50 größere Schifffahrtsunternehmen ansässig. Sie bereedern 700 Handelsschiffe mit einer Bruttoraumzahl von 15 Millionen Tonnen, was etwa der Hälfte der deutschen Gesamttonnage entspricht. Unter deutscher Flagge fahren nur noch 62 Schiffe; 638 werden unter ausländischen Flaggen eingesetzt

(2003). Der Nationalstolz schließt den Steuerpatriotismus nicht mehr ein. Was immer das zugrunde liegende Finanzkalkül oder die wirtschaftliche Notwendigkeit sein mag – jeder wahrhafte Hamburger verspürt immer wieder einen tiefen Stich ins Herz, wenn er am Heck der prächtigen Hapag-Lloyd-Kreuzfahrtschiffe als Heimathafen »Nassau« aufgemalt sieht. Weltläufigkeit manifestiert sich hier im Weglaufen: als Fahnenflucht.

Die Bevölkerung der Stadt wuchs und wuchs – von rund 330.000 im Jahre 1871 auf über 750.000 um 1900 und auf eine

Alt und neu nebeneinander um 1930. An der Steinstraße werden die letzten Gänge abgerissen, die Kontorgiganten Chilehaus, Sprinken- und Meßberghof stehen schon

Million 1910. Der Ausbau des Freihafens seit den Achtzigern nahm über 20.000 Menschen ihre Behausung. Sie mussten in Neubauviertel wie in Eimsbüttel oder Barmbek ziehen. Dazu kam der Abriss der Gängeviertel in den Neunzigern. Hamburg veränderte sein Gesicht. Die Mönckebergstraße wurde vom 1906 eingeweihten Hauptbahnhof zum Rathaus durchgebrochen, und der Großteil der Wohngebäude verschwand aus der Innenstadt. Es entstand eine funktionsgegliederte Metropole. Man wohnte nicht mehr dort, wo man arbeitete. Hamburgs großer Kunsterzieher Alfred Lichtwark, der Gründer und erste Direktor der Kunsthalle, sprach damals boshaft von der »Freien und Abrissstadt Hamburg«. Die Berufung Fritz Schumachers zum Baudirektor (1909) erwies sich dann als der große Glücksfall. Hamburg hat ihm als verantwortlichem Architekten der »Staatsbauten« und seiner weit blickenden Stadtplanung sehr viel zu verdanken. Sein großes Verdienst lag vor allem darin, dass er ein hohes baukünstlerisches Niveau durchsetzte. Dadurch machte er Hamburg zu einem Ort, in dem viele hervorragende Kollegen wie Fritz Höger (Chilehaus, Sprinkenhof), Karl Schneider (Jarrestadt) und die Brüder Gerson (Meßberghof) ihre Kunst entfalten konnten. In Altona war es Gustav Oelsner, der als Senator und Stadtbaumeister erfolgreich für eine qualitätsvolle Architektur wirkte.

Es war dies eine fruchtbare Epoche hamburgischer Baugeschichte, der nach dem Zweiten Weltkrieg ähnlich Markantes und ästhetisch Befriedigendes nur in wenigen Ausnahmefällen hinzugefügt worden ist: das Zürichhaus und der Flugha-

Der »Berliner Bogen« von Bothe, Richter, Teherani: mit 14.000 m² Glasdach einzigartig in Europa

fen-Terminal 4 von v. Gerkhan, Marg und Partner zum Beispiel, das der Ingenieurarchitektur der Hochbahn angepasste Hauptquartier von Gruner + Jahr (Steidle und Kiessler) und früh schon, 1958, das Hauptquartier der Neuen Heimat (Ernst May) und die Alster-Schwimmhalle (»Schwimm-Oper«, Nissen und Störmer). Ansonsten herrschte weithin einfallsloses Mittelmaß – oder langweilige internationale Hochhäuslichkeit wie am Unilever-Haus (1963) und heilloser Eintopf-Eklektizismus wie am Neuen Dovenhof (1992). Die tiefgefrorene Sterilität der City-Nord hat auch die jüngere City-Süd nicht wettmachen können.

Der ehrliche Klinker Fritz Högers ist längst billigster Imitation gewichen. Der vorgetäuschte Backstein – meist nur dünnes Blendwerk auf Beton geklebt – stürzte Hamburg in die architektonische Monotonie. Erst die gläserne Architektur der jüngsten Zeit hat in dieser Hinsicht eine gewisse Auflockerung gebracht, zum Teil freilich auch nur eine neue Abart von großtuerischer Gleichförmigkeit oder gar Unförmigkeit. Doch die alten Bausünden beleidigen nicht nur das Auge: Die Wohnsiedlungen Osdorfer Born, Mümmelmannsberg und Steilshoop, einst als Gipfel städtebaulicher Fortschrittlichkeit gefeiert, sind zeitweise zu sozialen Brennpunkten verkommen und erst nach millionenschweren Sanierungskuren wieder einigermaßen ansehnlich geworden.

Der Ausbau der Messe, die Modernisierung der Bahnhöfe, der Bau des neuen Volksparkstadions – das nun, *non olet*, AOL-Arena heißt – und der Color Line Arena haben allerdings einige lobenswerte Akzente gesetzt, desgleichen die Kette von Neubauten zwischen Oberbaumbrücke und Altona: das gläserne Bürohaus Deichtor an der Ost-West-Straße, das Hanseatic Trade Center an der Kehrwiederspitze, die neue Meile zwischen Fischmarkt und Övelgönne mit dem Terminal für die ehemalige Englandfähre, das wie ein Dampfer aus Stahl und Glas an der Großen Elbstraße angedockt hat.

In wirkliche Höhen ist in der Stadt kaum gebaut worden. Der Messeturm am Deichtor, das Alsterzentrum in St. Georg, das Hansezentrum in Hammerbrook, André Poitiers 60 Stockwerke hochragendes gläsernes Segel am Kaiserhöft –

Ende der 1960er-Jahre wurde geplant, fast ganz St. Georg zu Gunsten einer gigantischen Hochhauslandschaft abzuräumen. Die Türme der beiden Kirchen im Modell zeigen die unglaublichen Dimensionen des »Alsterzentrums«

das alles wurde nie verwirklicht; Gott sei Dank aber auch nicht Hitlers Pläne für ein 250 Meter hohes Gauhochhaus der NSDAP an der Elbe zwischen Landungsbrücken und Altona. Auch aus dem »Lighthouse«-Vorhaben von Bothe, Richter, Teherani wird wohl nichts werden.

Schon das junge 19. Jahrhundert hatte dem Stadtbild eine umwälzende Veränderung beschert. Die alten Befestigungswerke waren in den 1820er-Jahren vollends geschleift und durch den Grüngürtel der Wallanlagen ersetzt worden. Der Engländer William Lindley baute Mitte des Jahrhunderts eine moderne Kanalisation; seit 1859 verkehrten Dampfboote auf der Alster; 1872 wurden die Elbbrücken zwischen Hamburg und Harburg eingeweiht; 1882 erstrahlte der Rathausmarkt zum ersten Mal in elektrischem Licht; 1894 löste die »Elektrische« die 30 Jahre alte Pferdebahn ab.

Die Dörfer im Umland verwandelten sich nach und nach in Vorstädte. Im Ringverkehr verbanden Hoch- und Vorortbahn (später U- und S-Bahn) nach 1912 die Wohngebiete mit den Arbeitsplätzen in der City und an der Elbe, wo 1909 die Landungsbrücken eingeweiht wurden und zwei Jahre später der Elbtunnel den Betrieb aufnahm. In der Innenstadt entstanden hundertfach die ebenso schönen wie typischen Hamburger Kontorhäuser und die ersten Warenhäuser. Auch der Hafen dehnte sich immer weiter aus: von 426 Hektar im Jahre 1881 auf 1000 Hektar bis 1910 (heute: 7425 Hektar).

Das Automobil spielte noch keine besondere Rolle; ganze 471 Kraftwagen waren 1906 in der Stadt registriert, und selbst ein Jahr vor dem Ausbruch des Ersten Weltkrieges waren es erst 2013. Wer also nicht zu den Automobilisten gehörte, der blieb, wenn er ins 1897 fertig gestellte Rathaus oder ins 1900 eingeweihte Deutsche Schauspielhaus wollte, zu Hagenbeck (1907), zur Musikhalle (1908), zu Karstadt an der Mönckebergstraße oder Tietz am Jungfernstieg, den beiden 1912 eröffneten modernen Kaufhäusern, oder zum Stadtpark (1914), auf die privaten Kutschen, die öffentlichen Verkehrsmittel oder die *pedes Apostolorum* angewiesen.

Die rasche Entwicklung veränderte nicht nur das Antlitz der Hansestadt; sie veränderte auch die althergebrachte Denkweise, das Lebensgefühl, die Sehnsüchte und Ambitionen der Menschen. Die Hamburger Oberschicht identifizierte sich politisch mit der freihändlerischen Nationalliberalen Partei; mit den schutzzollbeflissenen preußischen Konservativen verband sie nichts. Doch hielt sie an ihrer privilegierten Stellung im politischen Leben der Stadt fest, die dem Kreis der nicht einmal 500 Notabeln fast ein Drittel der Bürgerschaftsmandate reservierte. Ein weiteres knappes Drittel wählten die Grundeigentümer (»Hausagrarier«); auch sie bildeten ein Moment zäher Beharrung.

Freilich erhöhte der ständige Strom von Zuwanderern den Druck gegen die herrschenden Zustände: die beengten Wohnverhältnisse, den auslaugenden Vierzehnstundentag, die Teuerung, die Not und den Hunger. Es bildeten sich Gewerkschaften, und es gab die ersten Streiks. Die Forderungen nach besseren Arbeitsbedingungen wurden immer lauter. Es entstanden der »Konsum-, Bau- und Sparverein Produktion« und die »Volksfürsorge«. Die Arbeiterschaft schuf sich eine wohl organisierte Gegenwelt, komplett mit Arbeiterbildungsvereinen, vor allem der »Bildungsgesellschaft«, mit

Büchergilde, Sportstätten, Pflege des Wanderns und anderer naturnaher Freizeitgestaltung. Am Besenbinderhof errichtete sich das Hamburger Gewerkschaftskartell ein massives Gebäude. Es wurde bald neben Rathaus und Börse zum dritten bestimmenden Zentrum des Stadtstaates.

Der Druck, der von unten gegen das sich einigelnde Bürgertum ausgeübt wurde, reichte jedoch nicht aus, grundlegenden Wandel zu schaffen. Die »Bürgervereine« erstickten jeden Versuch im Ansatz, die Bürgerrechte auf einen größeren Kreis auszuweiten. So wurde bis zum Ersten Weltkrieg kein einziger Schöffe oder Geschworener, nicht einmal ein Armenpfleger aus den Unterschichten gewählt. Bürger konnte nur werden, wer drei Jahre lang ein jährliches Einkommen von 1200 Mark versteuerte und obendrein für den Bürgerbrief eine Gebühr entrichtete. Daran vermochte auch die immer größer und wichtiger werdende Schar der Angestellten und Bürogehilfen nichts zu ändern.

Ebenso wenig fruchteten zunächst die Bemühungen der Lehrer. Ihr 1873 gegründeter »Verein Hamburger Volksschullehrer« wurde bald zur Avantgarde des Fortschritts und zu einem bedeutsamen sozialen Ferment. Das Curio-Haus in der Rothenbaumchaussee, Sitz der von Johann Carl Daniel Curio 1805 gegründeten »Gesellschaft der Freunde des vaterländischen Schul- und Erziehungswesens«, entwickelte sich in der Regie der Volksschullehrer zu einer Hoch- und Trutzburg aufklärerischer Gesinnung. Die Herrschenden klammerten sich jedoch krampfhaft an die bestehende Ordnung. In den 1920er-Jahren fanden im Curio-Haus die berühmten Hamburger Künstlerfeste statt, nach 1945 die Prozesse gegen die Hamburger Naziverbrecher.

Auf subtile Weise wandelte sich auch die Mentalität der Hamburger. Der antipreußische Affekt, der noch 1866 und 1870 die Haltung beeinflusst hatte, verwässerte mit der Zeit. »Imperialismus nach allen Richtungen«, klagte nach der Reichsgründung der städtische Außenpolitiker Gustav Heinrich Kirchenpauer über Preußen. »Was ist denn das ganze Wesen, welches Berlin erzeugt, anders als eine allmähliche Aussaugung?«, sekundierte ihm Carl Merck, im Senat zuständig für auswärtige Angelegenheiten. »Hamburg, Lübeck und Bremen«, ging ein populärer Spruch, »die brauchen sich nicht zu schämen/denn sie sind eine freie Stadt/wo Bismarck nichts zu sagen hat.« Doch im Laufe der Jahre bröckelte das hansische Selbstbewusstsein. Im Rückblick urteilte Ascan Klée Gobert, Sproß einer alten Hamburger Familie und nach dem Zweiten Weltkrieg Kultursenator: »Die Hamburger Kaufleute kümmerte wenig, nachdem ihre Freihafenwünsche anerkannt und erfüllt waren, der Lebensstil der Preußen.« Die jüngere Generation söhnte sich mit Bismarck aus.

Der Stolz auf die Großmachtstellung des Reiches überlagerte zusehends den traditionellen hansischen Selbstständigkeitsdrang. Als Wilhelm II. versprach, das Staatsschiff »mit vollem Dampf« voranzubringen, schlug ihm rings um die Alster viel Beifall entgegen. Die Hamburger huldigten der Monarchie nicht nur, indem sie Wilhelm I. im Juni 1903 auf dem Rathausmarkt ein Reiterstandbild aufstellten. Auch im Hinblick auf die häufigen Besuche Wilhelms II. war der keine zwei Wochen zuvor eingeweihte neue Dammtorbahnhof hochelegant gestaltet worden. Nunmehr konnten Majestät hier würdig aus ihrem Hofzug steigen, um sich nach gebührendem Empfang abermals auf einen kurzen Besuch bei Albert Ballin in der nahen Feldbrunnenstraße zu begeben. »Der Kaiser kommt nach Hamburg oft / was glaubt ihr denn, warum? / Er fährt zu seinem Freund Ballin / so glaubt das Publikum.« Die Rummelplatzsänger verrieten liebevoll feixend den wahren Grund: »Weil er besonders liebt, was es hier am besten giebt – Snuten und Poten.« Und als Wilhelm 1912 das damals mit 54.282 Bruttoregistertonnen größte Passagierschiff der Welt taufte, die »Imperator«, da warfen selbst die roten Werftarbeiter jubelnd und hurra rufend ihre Mützen in die Luft. Zwei Menschenalter zuvor hatte der bayerische Diplomat von Homayer geklagt, dass »ich in Hamburg blutwenig Deutsches zu finden vermag, außer der Sprache [...], von irgendeiner deutschen Ader ist da keine Rede«. Damit war es nun vorbei.

So ist zu erklären, dass Hamburg – zugegeben: nach einigem Zögern – zu einem treibenden Element der deutschen Kolonialpolitik wurde. Dabei ging es zunächst wohl nur um die Wahrung kaufmännischer Interessen – die der Godeffroys in der Südsee, wo sie 50 Faktoreien und Pflanzungen besaßen; die der Woermanns in Westafrika; die anderer Reeder und Händler in überseeischen Gebieten. Aber das kaufmännische Interesse mündete bald ein in jenes überwölbende Machtstreben, das mit larmoyant-bramarbasierendem Verlangen nach einem »Platz an der Sonne« für das Deutsche Reich die Straße zum Ersten Weltkrieg pflasterte. Die Reeder, allen voran Alfred Woermann, wurden zu Herolden der Kolonialpolitik. Je stärker das hanseatische Handelsinteresse sie zum Wagnis trieb, desto größer wurde ihr Sicherheitsbedürfnis. Am Ende konnte es nur befriedigt werden, indem das Reich ihnen nicht bloß umfangreichen Schutz zugestand, sondern ihre Interessengebiete schlichtweg als Kolonien erwarb. Die Hamburger wurden so neben den Bremern zu den Hauptnutznießern des deutschen Ausgreifens in die Welt.

Aber damit hatte es nicht sein Bewenden. Der Erwerb der Kolonien reichte nicht aus, man musste ja auch die Verbindungslinien schützen. Das ging nicht ohne eine schlagkräftige Marine. Es war logisch, dass Woermann und seine Mitstreiter die ehrgeizigen – und, wie sich zeigen sollte, verhängnisvollen – Flottenpläne des Admirals Tirpitz nachdrücklich unterstützten, die Sebastian Haffner unter die sieben Todsünden der deutschen Politik gerechnet hat. Dass Deutschlands Zukunft auf dem Wasser liege, war eine populäre Botschaft: Flottenverein, Wehrverein, Alldeutscher Verband und andere »völkische« Organisationen hatten auch in Hamburg viele lautstarke Anhänger. Der Satz des Admirals Tirpitz traf auf breite Zustimmung: »Ohne Seemacht bliebe die deutsche Weltgeltung wie ein Weichtier ohne Schale.« Gegen die Großmannssucht des Wilhelminismus, das Verlangen nach

Aufrüstung zur See vor 100 Jahren. »York« hieß dieser »Große Kreuzer«, gebaut 1905 bei Blohm und Voss, 1914 in der Jade auf eigene Minen gelaufen und gesunken

»Weltgeltung«, das Streben nach einem »Platz an der Sonne« und die eitle Drohung mit der schirmenden, schimmernden »Wehr zur See« waren vor dem Ersten Weltkrieg gerade die Hamburger nicht gefeit.

Die Flottenvorlagen fanden anfangs in Albert Ballin, dem mächtigen Generaldirektor der Hapag, einen beredten Fürsprecher, auch wurde er zum eifrigen Förderer des Flottenvereins. Als er um 1908 schließlich merkte, dass das Machtgehabe des Kaisers und die Tirpitzsche Flottenrüstung die Gefahr eines Zusammenstoßes mit England heraufbeschworen, war es längst zu spät. Auch seine Warnung, der unbeschränkte U-Boot-Krieg werde die Vereinigten Staaten brüskieren, stieß auf taube Ohren. Den Hapag-Generaldirektor stürzte die Entwicklung in tiefe Melancholie. Am 9. November 1918, dem Tag der deutschen Kapitulation, machte Ballin mit Tabletten seinem Leben ein Ende.

Offen für Fremde und Fremdes

Die Weltoffenheit der Stadt zeigte sich nicht bloß im erdumspannenden Ausgreifen ihrer Handelsherren, sie drückte sich auch in der immer wieder bereitwilligen Aufnahme von Fremden aus. Was unter den Schauenburgern begonnen hatte, setzte sich in späteren Jahrhunderten fort. Der englischen Handelskompanie der Merchants Adventurers wurde schon Mitte des 16. Jahrhunderts ein großzügiges Niederlassungsprivileg gewährt; sie blieben bis 1824 in der Stadt vertreten.

Als die Spanier unter Herzog d'Alba ihre Schreckensherrschaft in den Niederlanden errichteten, kamen im Jahre 1585, nach der Einnahme Antwerpens, einige tausend Holländer an die Elbe. Nach der Französischen Revolution wurden auch mehrere tausend Franzosen, Flüchtlinge vor dem jakobinischen Terror, willkommen geheißen.

Die Holländer verbesserten die Techniken der Hamburger im Schiffbau und im Deichbau, in der Seiden- und Wollweberei, im Glocken- und Geschützguss, in der Tuchmacherei (»Wandschneiderei«) und Tuchfärberei. Die Samtweber ließen sich in der Caffamacherreihe nieder. Der Name kommt vom niederdeutschen »Kaff« für Spreu oder Kleingeschnittenes und hat mit »Kaffee« nichts zu tun: Kaffamacher stellten Samt aus abgeschorenen Seidenschlingen her. Vor allem aber brachten die Holländer die Zuckerbäckerei ins Land. Bald überflügelte das Zuckersieden das Bierbrauen an Bedeutung (wozu auch die Tatsache beitrug, dass die fleißigsten Bierabnehmer – Holland, Friesland, England – anfingen, Bier in großen Mengen selbst zu brauen). Die Holländer prägten Hamburg so stark, wie die Hugenotten – von denen sich auch etliche in die Elbstadt flüchteten – 100 Jahre darauf Berlin ihren Stempel aufdrückten. Hamburg wurde fast eine holländische Stadt, das Niederländische zu einer gängigen Geschäftssprache. Nach dem Duc d'Alba sind übrigens die »Duckdalben« benannt, jene Bündel mächtiger Pfosten, an denen Schiffe mitten in den Hafenbecken festmachen können, wenn an den Kais kein Platz ist. »Hamburger Duckdalben« sind in der Hansestadt auch immer noch eine beliebte Zigarrenmarke.

Zwei Jahrzehnte nach den Holländern wurden Scharen von Juden aus Spanien und Portugal, aber auch aus Deutschland, als »Schutzverwandte« aufgenommen. Entgegen vielerlei Kritik und Protest entschied der Rat 1611, dass es »väterlich und christlich gewesen, die portugiesischen Juden bisher geduldet zu haben, und dass es ebenso väterlich und christlich sei, sie ferner zu dulden«. Sie durften ihre Religion privat ausüben, obgleich ihnen lange untersagt blieb, sich Synagogen zu bauen, und genossen staatlichen Schutz bei der Ausübung ihrer Gewerbe. Volle Gleichberechtigung erhielten sie – zusammen mit den Katholiken – indessen erst 1860.

Die iberischen Juden gaben der Hamburger Wirtschaft vielerlei Impulse und öffneten ihr den Zugang zu den Märkten Lateinamerikas. Sie brachten auch den »Portuguez« mit, eine damals gängige Goldmünze von ungewöhnlicher Größe. Heute ist die »Portugaleser« genannte Medaille ein »ehrendes Geschenk«, das gemeinhin Senatoren, Staatsräten oder Konsuln bei ihrer Verabschiedung überreicht wird. Seit der Wiedereinführung im Jahre 1956 ist sie 127-mal verliehen worden.

Der Senat vergibt diesen »Verfassungsportugaleser« in Gold. Auf der Vorderseite leuchtet ein Fackelarm, der über den für Hamburg wichtigen Weltmeeren, die durch zwei Meerweibchen versinnbildlicht sind, aus den Wolken ragt. Auf der Rückseite sind die wichtigsten Daten der hamburgischen Verfassungsgeschichte vom Ersten Rezess 1410 bis zur Verfassung vom 6. Juni 1952 durch ein Unendlichkeitsband verschlungen. In Silber verleiht der Zentralausschuss Hamburgischer Bürgervereine den Portugaleser an Personen und Institutionen des öffentlichen Lebens, in Bronze an Bürger, die sich durch besonderes soziales Engagement verdient gemacht haben.

Früher wurde die Goldmünze auch gern als Jubiläumsgeschenk für 40 Jahre in städtischen Diensten verliehen. Diese Gepflogenheit begann ins Geld zu laufen, als in den Siebzigerjahren der Goldpreis drastisch anstieg. Deshalb ordnete der sparsame Finanzsenator Hans-Joachim Seeler an, dass die Medaille künftig in einer preiswerteren, dünneren Ausführung geschlagen werde. Der Zufall wollte es, dass er selbst bei seinem Ausscheiden aus dem Amt der Erste war, dem der

Bürgermeister die neue, flachere und billigere Medaille um den Hals hängte. Spötter rieten Seeler damals, die Besteck-Garnitur, die traditionsgemäß jeder ausscheidende Senator für das Senatssilber zu stiften hat, ebenfalls in einer dünneren, weniger wertvollen Ausführung anfertigen zu lassen. Er ließ sich jedoch nicht in Versuchung führen.

Heute leben in der Freien und Hansestadt Hamburg mit ihren 1,73 Millionen Einwohnern – übrigens: genauso viel wie bei der Bildung Groß-Hamburgs im Jahre 1937 – rund 270.000 Ausländer, darunter rund 70.000 Türken, 34.000 ehemalige Jugoslawen, 20.000 Polen, 16.000 Afghanen, 13.000 Iraner, 10.000 Portugiesen, 8000 Griechen, 7000 Italiener und – je etwa gleich viele – 5500 Chinesen und Russen. Hinzu kommen je zwischen 4000 und 5000 Amerikaner, Engländer, Österreicher, Franzosen und Spanier. Der Ausländeranteil lag Mitte 2003 bei 14,6 Prozent. Und wie Jahrhunderte zuvor Portugiesen, Holländer und hugenottische Franzosen zum Aufblühen der Stadt beigetragen haben, so steuern auch die Neu-Einwanderer ihren Teil zur städtischen Entwicklung bei. Fünfzehn Prozent aller Ausländer in Hamburg sind selbstständig (Bundesdurchschnitt: 8 Prozent). Sie betreiben an die 17.000 Kleinbetriebe, doch auch eine Reihe größerer Unternehmen. So hat sich der Deutschtürke Vural Öger aus einem Kellerbüro in St. Georg zum fünftgrößten deutschen Reiseunternehmer hochgearbeitet.

Nach dem Zweiten Weltkrieg hat Hamburg aber auch gut 100.000 Flüchtlinge, Vertriebene und andere Neuankömmlinge integriert. Zu ihnen gehörten vier Bürgermeister: Herbert Weichmann (aus der amerikanischen Emigration, ursprünglich aus Schlesien), Peter Schulz (aus Mecklenburg), Ortwin Runde (aus Ostpreußen), Klaus von Dohnanyi (aus Berlin). Drei große Publizisten gingen an der Elbe vor Anker: die Königsbergerin Marion Gräfin Dönhoff, der Hannoveraner Rudolf Augstein, der Emder Henri Nannen. Auch bedeutende Unternehmer kamen von außerhalb: Kurt A. Körber aus Dresden, Werner Otto aus Berlin, desgleichen der in Hamburg geborene John Jahr.

Lange Zeit aber ist Hamburg nicht nur Ziel und Zuflucht für Hunderttausende gewesen, sondern für gewaltige Heerscharen von Auswanderern buchstäblich das Tor zur Welt geworden. Über fünf Millionen Menschen sind zwischen 1850 und 1934 von Hamburg aus nach Übersee gegangen – an die 100.000 allein im Jahre 1892. Sie kamen aus ganz Europa, getrieben von Ehrgeiz und Abenteuerlust die einen, von Not und Verfolgung die anderen. Vor allen Dingen aus den Ghettos Osteuropas strömten sie in die gigantische Barackenstadt, die Albert Ballin 1901 auf der Veddel errichten ließ. Mit ihren Schlafsälen und Aufenthaltsräumen, ihren Kirchen und Synagogen bot sie 5000 Leuten während ihrer oft wochenlangen Wartezeit Platz. In der Innenstadt wollte man sie ungern haben.

Dennoch: Jahrzehntelang war Hamburg für die Mühseligen und Beladenen der Alten Welt die große Startrampe ins Land der unbegrenzten Möglichkeiten – neben Bremen, dem es im Jahre 1850 den ersten Rang als Auswandererhafen abgelaufen hatte. Zu den hier registrierten Auswanderern zählen auch die Vorfahren von Barbra Streisand, Steven Spielberg und Michael Douglas. Die Veddel war gleichsam das Gegenstück zur Einwanderungsinsel Ellis Island im Hafen von New York – allerdings nur für jene, die dort lebend ankamen, und das waren zeitweise nur vier Fünftel. Ein Fünftel ging auf der oft sechzig Tage langen Seereise in den verschmutzten, beengten, licht- und luftlosen Zwischendecks elendiglich zugrunde. Der Reeder Robert Miles Sloman wurde wegen der verheerenden Zustände auf seinen Schiffen »Howard« und »Leibniz« – 544 Passagiere, vier Toiletten, der Schiffszwieback verschimmelt, das Wasser knapp – sogar vor das Hamburger Obergericht gestellt, kam allerdings mit hundert Talern Geldstrafe davon.

Neuerdings erst wird erwogen, den Nachlebenden dieses Kapitel der hamburgischen Geschichte in einem Museum ins Gedächtnis zu rufen. Das 7,5-Millionen-Projekt »BallinStadt« der Stadt Hamburg und der »Stiftung Hamburg Maritim« soll mit Sponsorengeldern – unter anderem von der Norddeutschen Affinerie, Hapag-Lloyd und der Hamburger Feuerkasse – in der letzten noch vorhandenen Auswandererhalle auf der Veddel entstehen. Dabei sollte auch der vielen gedacht werden, die sich über den Hamburger Hafen vor der nationalsozialistischen Gewaltherrschaft in die überseeische Freiheit retteten.

Vom französischen Département zu Groß-Hamburg

Zu Beginn des 19. Jahrhunderts wurde Hamburg auf einen Schlag in die völlige Unabhängigkeit gestürzt. Nach dem Reichsdeputationshauptschluss von 1803 waren noch sechs »kayserlich freye Reichs-Städte« übrig geblieben: Augsburg, Nürnberg, Frankfurt am Main und die drei Hansestädte Hamburg, Bremen und Lübeck. Augsburg und Nürnberg verleibte sich alsbald Bayern ein, Frankfurt kassierte zunächst der Rheinbund. Die Hansestädter, bis dahin »reichsfreie Bürger«, waren nun »vogelfreie Republikaner«. Als am 6. August 1806 Franz II. die deutsche Kaiserkrone ablegte, sackte das Fundament unter ihnen weg. Das Heilige Römische Reich Deutscher Nation existierte nicht mehr. Die Hansestädte mussten versuchen, sich eine neue Plattform zu schaffen, auf der sie Weltbürgertum praktizieren und Handelsfreiheit genießen konnten. Die Gespräche darüber ließen sich gut an, aber dann durchkreuzte die große Politik ihre Pläne.

Am 14. Oktober 1806 trug Napoleon in der Schlacht von Jena und Auerstedt den Sieg über das auf den Lorbeeren Friedrichs des Großen sanft entschlafene Preußen davon. Schon am 19. November besetzte der französische Marschall Edouard Mortier Hamburg. Mit 2600 Soldaten, meist Holländern und Italienern, rückte er überfallartig in die Stadt ein. Zwei Tage später verhängte Napoleon seine Kontinentalsperre gegen England. Für die Stadt begann die schlimmste

Erfolgreicher Kaufmann und Aufklärer in Hamburg: Georg Heinrich Sieveking 1800 im Kupferstich von Loeser Leo Wolf

Zeit ihrer bisherigen Geschichte. Die Franzosenherrschaft dauerte bis 1814. »*Vous êtes des esclaves de l'Angleterre*«, erklärte der französische Gesandte – »Ihr seid Sklaven Englands«. Er wollte, dass Hamburg wieder ein Fischerdorf werde. Zeitweise amtierte der Marschall Bernadotte, der spätere schwedische König, als Gouverneur der besetzten Stadt.

Die Hamburger Patrizier hatten die Französische Revolution 1789 mit einem Fest an der Alster begeistert gefeiert, allen voran Georg Heinrich Sieveking, der Aufklärer Adolph Freiherr Knigge, der den Deutschen in erster Linie wohl als Benimm-Lehrmeister in Erinnerung ist, und Friedrich Gottlieb Klopstock, der zwei Revolutions-Oden vortrug. Man trank »auf baldige Nachfolge in Deutschland« und die »Abschaffung des Fürsten-Despotismus im eigenen Land«. Höhepunkt war der Vortrag von Sievekings »Freiheitslied«. Der jakobinische Terror und die Eroberungskriege der Franzosen lösten indessen alsbald tiefe Enttäuschung aus. Die Entsendung Sievekings auf eine Gut-Wetter-Mission nach Paris und die Zahlung von vier Millionen Franken Bestechungsgeld an Napoleons Außenminister Talleyrand fruchteten wenig. Vollends ernüchternd wirkte dann die Besatzungszeit.

Die französischen Besatzer Hamburgs meinten es ernst: Wie auf dem Aquarell von Peter Suhr gezeigt, wurden beschlagnahmte englische Waren 1810 öffentlich verbrannt

Hamburgs Reichtum schmolz dahin

Die Kontinentalsperre, die England von seinen Rohstoffquellen und Absatzmärkten abschneiden sollte, traf Hamburg schwer; schließlich war es auf dem Kontinent der wichtigste Umschlagplatz für englische Waren. Die Franzosen untersagten jeglichen Handel und Verkehr mit den Briten, selbst den Briefverkehr. Hamburgs Reichtum schmolz dahin. An die 300 Schiffe lagen wegen der Blockade abgetakelt im Hafen. Ein Handelshaus nach dem anderen brach zusammen. Die Zuckerbäckerei – die vor der Franzosenzeit fast 10.000 Menschen in 400 Betrieben Arbeit und Brot gegeben hatte – und auch die Kattunweberei verfielen. Täglich durchwühlten die Besatzer die Häuser nach englischen Waren und verbrannten sie öffentlich. Den Bürgern wurden unerschwingliche Abgaben und Steuern aufgedrückt. Die ärmeren Schichten verelendeten. Das alte Bürgermilitär musste sich auflösen. Tausende junger Hamburger wurden zum Kriegsdienst in das neue 127. Linienregiment gepresst; viele von ihnen fielen in Napoleons Russlandfeldzug. Für seinen tapferen Einsatz erhielt das Regiment den kaiserlichen Adler.

Die Franzosen ließen es nicht bei der Besetzung bewenden. Anfang 1811 verleibte Napoleon mit der Oberems, der Wesermündung und der Elbmündung auch die drei Hansestädte seinem Imperium ein. Hamburg wurde als *Département des Bouches de l'Elbe* regelrecht annektiert und erhielt als eine von 49 Städten im Kaiserreich den Ehrentitel *»bonne ville de l'Empire français«*. Unter dem Hobel der französischen Gleichmacherei, schrieb ein Historiker, verschwanden der

Rat und die Erbgesessene Bürgerschaft, die bürgerlichen Kollegien und die Kämmerei. Ein Präfekt präsidierte dem *Conseil municipal;* für dieses Gremium wählten die Franzosen 30 Notabeln aus. Justiz und Verwaltung wurden getrennt, die Admiralität wurde abgeschafft, das Stadtrecht samt Rezessen aufgehoben, das Rathaus in ein Gerichtsgebäude verwandelt; sogar das Wappen der Stadt wurde geändert.

Die moderne Gesetzgebung, die straffere Verwaltung, das übersichtliche Finanzwesen ließen viele Hamburger nicht unbeeindruckt. Aber die Kehrseite war erniedrigend: ständige Hausdurchsuchungen, Beschlagnahmen, Verhaftungen; dazu die strikte Pressezensur der öden, gezwungenermaßen zweisprachigen Zeitungen, die Einführung des Französischen als Unterrichtssprache in den Schulen, hohe Steuern und Zwangseintreibungen. Und: eine alles durchdringende Korruption. Bälle und Feuerwerke, Lotterien und Volksbelustigungen verschlugen da wenig. Die Stimmung blieb gedrückt. »Die hamburgische Gemütlichkeit verschwand vor den fremden Treibern«, klagte ein Zeitgenosse. Die Franzosen aber lamentierten: »Hamburg ist dem Namen nach französisch, in der Tat wird es noch lange deutsch sein.«

Wiederkehrende Tumulte, bei denen 1813 sieben »Aufrührer« auf dem Heiligengeistfeld erschossen wurden, aber auch die heimliche Gründung bewaffneter patriotischer Bürgergarden bestätigten diese Einschätzung. Außerhalb der Stadt bildete sich unter dem vormaligen Ratsherrn (und späteren Gründer der Sparcasse von 1827) Amandus Augustus

Abendroth sogar eine Art Exilregierung, das »interimistische Directorium der hanseatischen Angelegenheiten«. Dabei ging es dem auflodernden Patriotismus nicht nur um die Befreiung der Vaterstadt – das größere Vaterland sollte nun befreit werden. Die Hamburger fingen an, deutsch zu denken.

Am 18. März 1813 marschierte der Oberst Friedrich Karl von Tettenborn, ein gebürtiger Badener im Dienste des Zaren, mit 1400 russischen Kosaken in Hamburg ein. Die Stadt war wieder frei. Der alte Rat wurde aufs Neue eingesetzt. Tettenborn allerdings war ein Lebemann, schlau auf seinen Vorteil bedacht. Er brachte Rat und Bürgerschaft dazu, ihn zum Ehrenbürger Hamburgs zu ernennen – dem ersten der Stadt. Diese Auszeichnung ließ er sich obendrein mit 5000 Friedrichsd'or vergolden. Aber Ende Mai schon setzte er sich angesichts der auf Harburg vorrückenden napoleonischen Truppen mit seinen Kosaken schleunigst ab. Dabei soll er 90 Planwagen mit Beutegut fortgeschleppt haben – ein schönes Schnäppchen. Tags darauf waren die Franzosen wieder die Herren in der Stadt. Napoleon jedoch presste den Bürgern eine Strafzahlung von 48 Millionen Francs ab – »das sei die beste Art, Kaufleute zu bestrafen«. Noch zwölf Monate blieb Hamburg besetzt. Es wurden zwölf schwere Monate.

Die Stadt, die nach 1803 die meisten Außenwerke ihrer Befestigung geschleift hatte, um ihre Neutralität zu bekunden, sollte nach französischem Willen zu einer gewaltigen Festung ausgebaut werden. Bäume wurden gefällt, um freies Schussfeld zu schaffen, und von Hamm bis Harvestehude wurden die Landhäuser abgerissen oder niedergebrannt. Marschall Louis Nicolas Davout, der französische Oberkommandierende und Stadtkommandant, zog 40.000 Mann im Schutz des neu aufgebauten Festungsgürtels zusammen und richtete sich auf eine längere Belagerung ein. Außer St. Michaelis ließ er alle Hauptkirchen zu Pferdeställen und Heumagazinen umfunktionieren. Da die von Napoleon geforderte Summe nicht zusammenkam, obwohl Davout 30 angesehene Bürger als Geiseln hatte festsetzen lassen, beschlagnahmte er kurzerhand das Silberdepot der Hamburger Bank (Wert: 7,5 Millionen Bancomark). Alle Bewohner, die nicht Lebensmittelvorräte für sechs Monate nachweisen konnten, wurden aus der Stadt verjagt – fast 2000 sollen es gewesen sein, die sich an Weihnachten größtenteils nach Altona flüchteten. Von ihnen kamen 1100 in der eisigen Kälte der Jahreswende 1813/14 um. Sie wurden auf dem Friedhof Ottensen in einem Massengrab verscharrt. Ein Denkmal am Rande von Planten un Blomen und ein Gedenkstein in Barmbek erinnern die Heutigen an die Leiden der damals Vertriebenen.

Die siegreichen Alliierten zogen am 31. März 1814 in Paris ein, doch die französische Garnison rückte erst am 30. Mai aus der Hansestadt ab. Danach nahm die Börse die Geschäfte wieder auf, der Rat trat aufs Neue zusammen, und der »Hamburgische Correspondent« erschien nicht länger zweisprachig. Allerdings dauerte es ein halbes Jahrhundert, bis die einst so stolzen und teils in ganz Europa gelesenen Hamburger Blätter wieder ihre früheren Auflagen erreichten.

Die Erinnerung an die achtjährige Leidenszeit unter der Franzosenherrschaft ist längst unter dem Schutt der Geschichte begraben. Viel ist nicht nachgeblieben. Ein paar Ausdrücke vielleicht, wenngleich es für deren Entstehung auch ganz andere Lesarten gibt oder sie schon älter sein mögen – Schislaweng zum Beispiel, was Kniff, Trick und ein Dutzend andere Dinge bedeutet (von *çela vint*), patuh (»sie will patuh nicht mit«, von *partout*), und vor allem »Fisimatenten«. Die französischen Soldaten hatten offenbar die Angewohnheit, die schönen Töchter der Stadt in ihre Zelte zu locken: *Visitez ma tente*, komm in mein Zelt! Was die Mütter veranlasste, ihre Töchter zu mahnen: »Mach mir keine Fisimatenten!«

Geblieben allerdings ist den Hamburgern aus der Franzosenzeit ein noch stärkerer Freiheitswille. Selbstbewusst und mahnend zugleich verkündet der in Stein gemeißelte Wahlspruch der Stadt über dem Rathausportal:

Libertatem quam peperere majores
digne studeat servare posteritas

Die Freiheit, die schwer errungen die Alten,
möge die Nachwelt würdig erhalten.

Ein später Nachhall des stolzen Hamburger Selbstständigkeitsdranges (man könnte auch sagen: des Hangs zu eigenbrötlerischer *splendid isolation*) war noch im 19. Jahrhundert zu vernehmen. Die Hansestadt weigerte sich, dem 1834 gegründeten Deutschen Zollverein beizutreten. Vergebens warb Friedrich List, der Vorkämpfer der wirtschaftlichen Einigung Deutschlands, um die Elbhanseaten, bald die erstarrten Verhältnisse und die überalterten Männer verspottend, bald sie mit Schmeicheleien umgarnend: »Durch euch werden wir aus kosmopolitischen Träumern tatkräftige Weltbürger, durch uns werdet ihr aktive Mitglieder einer großen und edlen Nation. Ihr liefert das Fett zur gemeinschaftlichen Schüssel, wir Brot und Salz.«

Lists Argumente schlugen bei den Hamburgern nicht durch. Auch auf einen kleindeutschen Handels- und Schifffahrtsbund, wie ihn die Frankfurter Nationalversammlung als Aufbruch Deutschlands in die Welt diskutierte, mochten sie sich nicht einlassen. Die Gründung der Hamburg-Amerika-Linie am 27. Mai 1847 markierte ihren eigenen Aufbruch in die Welt. Ihre Sonderstellung als Freihafen wollten sie – wie auch die Bremer – keinesfalls aufgeben. Und 1866 bei der Bildung des Norddeutschen Bundes wie 1871 bei der Gründung des Deutschen Reiches machte Hamburg zwar politisch mit, doch auf seine Handels- und Zollfreiheit mochte es nicht verzichten. Dabei nahmen die Herren der Stadt gern in Kauf, dass sie, wenn sie im Sommer in ihre Landhäuser zogen, alles verzollen mussten, was sie mitnahmen. Bismarck musste erst mit Zwangsmaßnahmen drohen, ehe sich die Hansestadt 1881 endlich zum Anschluss an das Reichszollgebiet bequemte. Vierzig Millionen Goldmark aus der Schatulle des Reiches waren dem Meinungsumschwung in der Stadt sehr förderlich. Die Hamburger setzten jedoch durch, dass der größte Teil des Hafens als Freihafen außerhalb der Zollgrenze blieb.

Auch mit der Einführung der Mark des Deutschen Reiches taten sich die Hamburger schwer. In den nord- und mitteldeutschen Staaten galt damals der Taler als Währung, in den süddeutschen der Gulden. Hamburg hatte seit langem seine Mark banco, im Alltag die Mark courant. Zwar billigte die Bürgerschaft 1872 die Einführung der Reichsmark, doch der Senat stritt noch eine Weile darüber, wie die auf den Silberbarren der Hamburger Bank beruhende Bankvaluta – »die beinahe ein Jahrhundert lang dem Hamburgischen und dem Deutschen Handel die ersprießlichsten Dienste geleistet« – am besten umzuwandeln sei. Am Ende gab es für 59 1/3 Bancomark »1 Pfund feinen Silbers in Barren, beziehungsweise für 300 Bancomark 450 Mark Reichsgoldmünze oder 350 Taler«. Die Schillinge (16 pro Mark, der Schilling zu 12 Pfennigen) verschwanden ebenso wie die Sechslinge und Dreilinge. Aber bis zur Einführung der Reichsmark am 1. Januar 1875 schlugen die Gefühlswogen nicht weniger hoch als 125 Jahre später bei der Einführung des Euro, gegen den der frühere Senator und Landeszentralbankpräsident Wilhelm Nölling und seine Mitstreiter vergebens ihren einsamen Kampf führten.

Eine umwälzende Neuerung allerdings nahmen die Hamburger ohne Maulen und Murren hin: die Bildung von Groß-Hamburg. Wir Heutigen können uns überhaupt nicht mehr vorstellen, auf welch lästige Weise Hamburg bis dahin von preußischen Kommunen und Kuhweiden eingekeilt war. Die

Städte Altona, Wandsbek und Harburg-Wilhelmsburg gehörten alle zum übergroßen Nachbarn Preußen. Jetzt wurden sie zusammen mit 27 weiteren preußischen Landgemeinden zu Hamburg geschlagen; dafür trat die Hansestadt Geesthacht und Cuxhaven samt angrenzender Landgemeinden, auch Großhansdorf und Schmalenbek an Preußen ab. Solch eine Zusammenlegung war schon 1910 im Gespräch gewesen, dann erneut 1915, 1922, 1926. Aber erst im gleichgeschalteten Dritten Reich konnte sie – nach einer Absprache des preußischen Ministerpräsidenten Hermann Göring mit dem Hamburger Gauleiter und Reichsstatthalter Karl Kaufmann – verwirklicht werden. Das Groß-Hamburg-Gesetz wurde am 26. Januar 1937 erlassen und bis zum 1. April 1938 vollzogen. Hamburg vergrößerte sein Gebiet dadurch um 80 Prozent (auf 747 Quadratkilometer), seine Bevölkerung um 41 Prozent (auf 1,68 Millionen). »Heil Dir, Groß-Hamburg«, titelten die »Harburger Anzeiger und Nachrichten«.

Heute ist der Hamburger Hang zum Beiseitestehen, zu Alleingängen, zur Eigenbrötelei gebändigt. Die Freie und Hansestadt wäre vielleicht bereit, ihre Selbstständigkeit in einem Nordstaat aufgehen zu lassen. Bürgermeister Ole von Beust hat die Nordstaats-Debatte jüngst neu entfacht. Die Nachbarländer wollen davon allerdings nichts wissen. Immerhin haben sich die Hamburgische Landesbank und die Landesbank Schleswig-Holstein mittlerweile zusammengeschlossen; auch die Statistischen Landesämter, die Datenzentralen und die Eichverwaltungen der beiden Länder sind zusammengelegt worden. Engere Kooperation zwischen Kiel und Hamburg auf mehr als einem Dutzend weiterer Felder ist beschlossene Sache.

Reformation, Armenfürsorge und mehr Mitsprache

Zu Beginn der Neuzeit wurde Hamburg von einem 24-köpfigen Rat regiert. Dazu zählten auch die vier Bürgermeister, von denen immer zwei im jährlichen Wechsel die Geschäfte führten. Der Rat ergänzte sich aus der Kaufmannschaft, gegen Ende des 15. Jahrhunderts vereinzelt auch aus dem Juristenstand. Die Mitspracherechte der Bürger waren mittlerweile wieder stark geschrumpft; das Patriziat gefiel sich in obrigkeitlicher Herrschaft. Doch die Bürger wehrten sich – mit massiven Forderungen 1458 und Aufstand 1483. Nach der Reformation, der sich die Hamburger zwischen 1520 und 1528 unter dem Einfluss des Wittenberger Stadtpfarrers und Luthervertrauten Johannes Bugenhagen anschlossen, kam es zur Bildung dauerhafter Gremien als organisierte Bürgervertretungen.

Grundlage waren die vier Kirchspiele St. Petri, St. Nikolai, St. Katharinen und St. Jacobi. Einige Jahre nach der vollständigen Fertigstellung der ersten Großen Michaeliskirche kam 1685 ein fünftes Kirchspiel hinzu. Ein alter Vers spiegelt die soziale Färbung der fünf Kirchspiele wider:

St. Petri de Rieken – Nikolai desglieken
Kathrinen de Sturen – Jakobi de Buren
Michaeli de Armen – dat mag woll Gott erbarmen

In den Kirchspielen wurden, so klagte eine Zeitschrift vor 200 Jahren humorig, sogar verschiedene Sprachen gesprochen. »Was sagst du?« hieß im Jacobikirchspiel »Wat snack jy?«, in St. Nikolai »Wat seggt he?«, in St. Katharinen »Wat beleevt em?« und in Michaelis »Wat praat jy?«.

Die in den Kirchspielen gegründeten Gremien nannten sich »Bürgerliche Kollegien«. Ausgangspunkt ihrer Einrichtung war zunächst die Neuorganisation der Armenpflege, für die bis dahin das grundstücks- und spendenreiche Domkapitel gesorgt hatte. Bugenhagen hatte den Bürgern klar gemacht, dass sie mit Almosen und guten Werken nicht ihre Qualen im Fegefeuer verkürzen könnten. Was sollte dann aber aus den Bedrängten und Beladenen werden? Der Reformator erinnerte an das christliche Gebot der Nächstenliebe. Daraufhin wurden 1527 in den Kirchspielen »Gotteskästen« gegründet – Sozialkassen würden wir heute sagen.

Die Kollegien besorgten die Verwaltung und Verteilung aller Almosen, die sich in den Gotteskästen der Kirchspiele sammelten. Mit diesen unterstützten nach der Gotteskastenordnung von 1528 je Kirchspiel 12 Diakone oder »Armenvorsteher« und je 24 Subdiakone Hamburgs Bedürftige, die Kranken und Gebrechlichen, die Witwen und Waisen, die ehrlichen Jungfrauen und die »unbegebenen Bürgertöchter« in der Art einer öffentlichen Sozialhilfe.

Die drei ältesten aus dem Kreis der zwölf Diakone jedes Kirchspiels stellten die »Oberalten«. Diese zwölf Männer bildeten zusammen das gleichnamige Gremium und verwalteten auch die sich in kirchlichem Besitz befindenden Dörfer Barmbek und Eilbek, aus denen ihnen beträchtliche Einnahmen für die Gotteskästen zuflossen. Im kirchlichen Bereich waren die Oberalten die Hüter des evangelischen Glaubens und wirkten bei der Besetzung der Pfarrstellen mit. Reformierte oder Calvinisten blieben deshalb bis zur Mitte des 19. Jahrhunderts von allen Kirchspiel-Gremien ausgeschlossen, die Mitgliedschaft war strikt auf Lutheraner beschränkt. Die Oberalten verhinderten lange auch, dass Anhänger anderer Bekenntnisse zu öffentlichen Ämtern zugelassen wurden.

Die Befugnisse der Gremien wurden jedoch weit über die Armenpflege hinaus ausgedehnt und bald zu einer regelrechten Bürgervertretung gegenüber dem Senat. Im Langen Rezess von 1529 – dem ersten, dem kein öffentlicher Aufruhr vorausgegangen war – wurde den Kollegien Mitsprache in Rechtsfragen, bei Gesetzesnovellierungen und bei der Sicherung der Getreideversorgung zugebilligt. Das »Kollegium der 144« (48 Diakone und 96 Subdiakone, und nach 1685 mit dem hinzugekommenen fünften Kirchspiel St. Michaelis das »Kollegium der 180«) sollte als ständiges politisches Organ den Rat beraten »in allem, was zur Eintracht und Wohlfahrt in dieser guten Stadt gereichen mag«.

Die Oberalten hatten die Gesetzmäßigkeit der Verwaltung zu überwachen und konnten Ratsmitglieder verklagen. Sie fungierten gleichsam als Präsidium der Erbgesessenen Bürgerschaft; ohne ihre Zustimmung kam keine Gesetzesvorlage vor die Bürgervertretung. Ihr Präses, der jeweils zum Jahresende auf ein Jahr gewählt wurde, leitete die Sitzungen der Bürgerschaft. Ferner übten sie die Aufsicht über die Stadtbibliothek, den Botanischen Garten und das Naturwissenschaftliche Museum aus. Zugleich waren sie für das Schulwesen verantwortlich.

Die Führungsschicht der Kollegien, zumal das Gremium der Oberalten, rekrutierte sich im Wesentlichen aus der Fernhändler-Elite. Ihr Grundzug war konservativ. Indessen wirkten diese Ältermänner maßgeblich mit bei der Novellierung des Ratswahlrechts. Sie monierten Mal um Mal Missstände in der Verwaltung: Bestechlichkeit, Parteilichkeit und Verschleppung im Gerichtswesen oder Vetternwirtschaft bei der Ämtervergabe. Sie drängten auf Information und Mitbestimmung über die Finanzpolitik des Rats, als Mitte des 16. Jahrhunderts wegen der hohen Kriegsfolgekosten und Friedenskontributionen die Zinsen für die städtische Verschuldung fast ein Drittel der Einnahmen auffraßen (weit schlimmer noch als heute, wo bei einem Haushaltsvolumen von knapp 10 Milliarden Euro Zins und Tilgung für die Schuldenlast von 23 Milliarden Euro die Hansestadt 12 Prozent ihrer Einnahmen kosten). Die Beharrlichkeit der Bürgerschaft wurde belohnt: Die Kämmerei-Ordnung von 1563 legte die Finanzverwaltung in ihre Hände (wo sie bis zur Installierung der Finanzdeputation im Jahre 1860 blieb). Mit der Einrichtung eines zentralen Kassenwesens ging das mittelalterliche Wirtschaften in Hamburg zu Ende.

Erst mit dem Inkrafttreten der Verfassung von 1860 verloren die Oberalten ihre politischen Mitwirkungsrechte. Das Kollegium, das im Jahre 2003 sein 475-jähriges Bestehen feierte, besteht jedoch bis heute als eine Art Aufsichtsrat der evangelischen Kirche fort. Erst 1953 schaffte dann auch eine Frau die Aufnahme in den erlauchten Kreis. Es trägt weiterhin die Verantwortung für das Hospital zum Heiligen Geist, Hamburgs älteste Stiftung, und damit für das mit seinen 1200 Bewohnern größte Altenheim der Stadt. Politische Macht haben die Oberalten nicht mehr, wohl aber moralische Autorität. Gegründet in dem Jahr, in dem Elisabeth I. den englischen Thron bestieg, die Kartoffel von Spanien aus ihren Siegeszug durch Europa antrat und Martin Luther in Wittenberg an seinem Lied »Ein feste Burg ist unser Gott« dichtete, gestalten sie seit fast fünf Jahrhunderten Hamburgs öffentliches Leben mit – eine denkwürdige Einrichtung.

Spätere Rezesse nach dem von 1529 nagten noch stärker an der Alleinherrschaft des Rats und räumten den Bürgern weitere Mitbestimmungsrechte ein. Von 1663 an bestand der Rat aus zwölf Kaufleuten und zwölf Juristen. Erbitterte Auseinandersetzungen zwischen Rat und Bürgern entzündeten sich an der Frage, von wem die Staatsgewalt ausgehe. »Hoheit, Herrligkeit und Gerechtigkeit der Stadt« lägen bei der gesamten Erbgesessenen Bürgerschaft, sie betraue den Rat mit dem Geschäft des Regierens – dies war die demokratische Position.

Ihr stand die Gottesgnaden-Attitüde des Rats entgegen, er habe Regiment und Rechtsprechung von Gott und Kaiser.

Jahrzehntelang wurde darum gerungen. Mehrere Kaiserliche Kommissare, vor allem die Grafen Gottlieb von Windischgrätz und Hugo Damian von Schönborn, bemühten sich um Schlichtung. Erst nach vielerlei Wirren zum Teil bürgerkriegsähnlichen Charakters kam der Hauptrezess von 1712 zustande, der dann anderthalb Jahrhunderte lang als »ewiges, unveränderliches und unwiderrufliches Fundamentalgesetz« galt. Er ordnete die Rats- und Bürgerkonvente neu, legte die Ratsverfassung fest und reorganisierte das Gerichts-, Finanz-, Militär- und Polizeiwesen. Desgleichen definierte er die Aufgaben der Girobank, der Handwerksämter, wie die Zünfte in Hamburg hießen, der Kirchspiele und die Rechte der Minderheiten. Artikel 1 stellte fest, dass »das Kyrion oder das höchste Recht und Gewalt bey einem Edlen Rath und der Erbgesessenen Bürgerschaft *inseparabili nexu conjunctim* und zusammen, nicht aber bey einem oder andern Teil *privative* bestehe«. Damit war die Eintracht in der Stadt gesichert, das »gute alte Herkommen« gerettet. Es lag darin ein großes Stück konstitutioneller Modernisierung, wenngleich der Rat als Inhaber der vollziehenden Gewalt eine überlegene Machtfülle behielt und – was Wilhelm von Humboldt 1796 als »das Schlimmste« auffiel – »die reichen Hauseigentümer fast allein die stimmgebende Bürgerschaft ausmachten«.

Die Mitwirkung der Bürger in Kollegien und Deputationen wurde nun verbürgt. Die Deputationen sind eine echte

Hamburgensie. Die Gassendeputation zum Beispiel wachte über die Instandhaltung der Straßenpflaster (solch eine Einrichtung wäre auch heute dringend nötig!). Die wichtigere »Düpe-Deputation« überwachte in Hafen und Fleeten die Fahrwassertiefe und dirigierte das Baggerwesen. Ihre Mitglieder hießen daher auch »Fleetenkieker«, was später ein Spottname für Leute wurde, die bei Ebbe den Schlick der Fleete nach Brauchbarem absuchten.

Heute noch gibt es in Hamburg zehn solcher Deputationen. Sie sind den Fachbehörden zugeordnet und zählen neben dem Senator jeweils 15 Mitglieder. Diese werden von der Bürgerschaft gewählt, dem Landesparlament also. Dabei geht es wohl nicht ganz ohne parteipolitische Kungelei ab; auch ist der Zwittercharakter der Deputationen – halb indirekt gewählte Legislative, halb Exekutive – manchen ein Dorn im Auge. Doch sorgen die ehrenamtlich tätigen Deputierten für Bürgernähe: Durch Augenschein und berufliche Tätigkeit sind sie oft besser informiert als die Beamten aus den Akten. Überdies ist die Opposition dabei stets vertreten, was in einem Gemeinwesen, das fast ein halbes Jahrhundert lang keinen Machtwechsel erlebt hatte, nicht von Übel ist.

So erfüllen die Deputationen die Forderung des Artikels 56 der hamburgischen Verfassung von 1952: »Das Volk ist zur Mitwirkung an der Verwaltung berufen. Die Mitwirkung geschieht besonders durch die ehrenamtlich tätigen Mitglieder der Verwaltungsbehörden.« Sie sind an allen Entscheidungen von grundsätzlicher Bedeutung zu beteiligen, so an der Auf-

Amandus Augustus Abendroth (1767–1842): Mit Weitsicht und großem sozialem Engagement machte er sich auf ganz verschiedenen Feldern um Hamburg verdient

Johann Georg Mönckeberg (1839–1908), Bürgermeister und langjähriger Präses der Finanzdeputation (»Bürgermeister Pfennigfuchser«)

stellung des Haushaltsplans, an Organisationsbeschlüssen und an der Personalauswahl. Der frühere Finanzsenator Hans-Joachim Seeler gab zwar eine weit verbreitete Ansicht von sich, als er über die Deputationen schrieb: »Sie verursachen Arbeit und kosten viel Geld, ohne – von wenigen Ausnahmen abgesehen – wirklich effektiv zu sein.« Indessen räumte er auch ein, dass es in der Bürgerschaft keine Mehrheit für ihre Abschaffung geben wird. Tatsächlich sind alle Rufe, die Deputationen abzuschaffen, bisher ungehört verhallt.

Von den Rezessen der frühen Neuzeit führt die Entwicklung konsequent, wiewohl nicht unbedingt geradlinig, weiter zu den neuzeitlichen Verfassungen von 1860, 1921 und 1952. Nicht unbedingt geradlinig – das gilt besonders für die Verfassung von 1860. Sie war das Ergebnis bitterer Auseinandersetzungen, die unmittelbar nach den Freiheitskriegen begannen. Vergebens setzten sich Amandus Augustus Abendroth und später Johann Georg Mönckeberg für eine Modernisierung ein, zumal für die Trennung von Kirche und Staat, Exekutive und Judikative. Immer wieder kam es in der Folgezeit zu Aufruhr. Nach dem Motto »Ruhe ist die erste Bürgerpflicht« wurden sie alle mit Hilfe scharfer »Tumult-Edikte« unterdrückt. Erst die Revolution von 1848 brachte die Dinge in Bewegung.

Volkes Wille erzwang damals die Einsetzung einer aus allgemeinen Wahlen hervorgegangenen Verfassungsgebenden Versammlung. Die Kräfte der Beharrung und der Besitzstandswahrung wehrten sich allerdings mit Zähnen und Klauen gegen eine Trennung von Verwaltung und Justiz, auch gegen die Trennung von bürgerlichen und kirchlichen Funktionen (und damit die Aufhebung der alten Kirchspiele und ihrer Rechte). Aufgeklärte Bevormundung blieb die Parole. Dem Bürgermeister Johann Hinrich Bartels warf die »Augsburger Allgemeine Zeitung« damals vor, er handle nach der Maxime: »Alles für das Volk, nichts durch die Masse. Das erste schafft Freiheit, die letzte Revolution und Anarchie.« Der »Dandolo von Hamburg«, wie das liberale bayerische Blatt Bartels in Anspielung auf den greisen venezianischen Dogen des vierten Kreuzzuges nannte, verschloss sich jedoch der Reformbewegung. Zwei Parteien standen sich gegenüber: die konservativen »Heuler« und die linksliberalen »Wühler«. Die Wühler gewannen die Wahlen zur Konstituante, doch der Rat verwarf ohne viel Federlesens den Entwurf eines neuen Grundgesetzes, der daraus hervorging. Erst 1860, nach einer abrupt einsetzenden Wirtschaftskrise, die in eine regelrechte Staatskrise ausartete, konnten mit der dann beschleunigt verabschiedeten Verfassung die übelsten der alten Zöpfe abgeschnitten werden.

Die neue Verfassung definierte die Rechte des Senats, wie der Rat nun hieß, und der Bürgerschaft, was noch heute der Name des Gremiums ist, das anderswo meist Landtag heißt, und bestätigte die Souveränität des Volkes. Wobei »Volk« damals allerdings höchstens zehn Prozent der Männer umfasste. Nur 84 der 192 Abgeordneten gingen aus allgemeinen

Otto Stolten wurde 1901 als erster Sozialdemokrat in die Hamburgische Bürgerschaft gewählt

Wahlen hervor; den Rest wählten die Notabeln und die Grundeigentümer. Wobei der Ausdruck »allgemeine Wahlen« in die Irre führt: Wahlberechtigt waren nur männliche Bürger, und noch 1879 besaßen erst ganze 22.000 von 450.000 Einwohnern als regelmäßige Steuerzahler zugleich Bürgerrecht und Wahlrecht. Indes durften bei den Reichstagswahlen zu jener Zeit schon 103.000 Hamburger an die Urne gehen. Durch den »Wahlrechtsraub« von 1906 wurden die Stimmrechte zumal der Sozialdemokraten in der Hansestadt allerdings wieder kräftig beschnitten: Die Wählerschaft wurde dabei in zwei Steuerklassen eingeteilt. Die obere Klasse durfte zwei Drittel der Abgeordnetenmandate besetzen, die untere musste sich mit einem Drittel begnügen.

Das allgemeine Wahlrecht für Männer und Frauen kam erst nach dem Ersten Weltkrieg. Auch blieben die Senatorenämter – die Juden und Katholiken ohnehin verwehrt waren – noch auf Jahrzehnte hinaus nur den Mitgliedern der ersten Kaufmannsfamilien vorbehalten. Vor 1914 standen zwölf der 18 Senatoren auf der Liste der Hamburger Millionäre. Außerdem wurden die Verhandlungen des Senats streng geheim gehalten. Die Demokratie ließ auf sich warten. Und die Patrizier-Tradition hielt sich hartnäckig: Selbst nach den ersten wirklich freien allgemeinen Wahlen am 16. März 1919, aus denen die Sozialdemokraten mit 50,46 Prozent als Gewinner hervorgingen, scheute sich der Wahlsieger Otto Stolten, eine reine SPD-Regierung zu bilden; vielmehr holte er viele Mitglieder des Vorkriegssenats in sein Team. Obendrein verzichtete er auf den ihm zustehenden Sessel des Ersten Bürgermeisters – mit der Begründung, dieser Posten gehöre in die Hände eines Politikers, »der auch den alten hamburgischen Familien nahe steht«.

Gutes tun aus Gemeinsinn

In der Verfassungsentwicklung der Freien und Hansestadt Hamburg – so lautete außer in der Nazizeit der offizielle Titel seit der Gründung des Deutschen Bundes – wird ein bemerkenswerter Grundzug hamburgischer Stadtpolitik sichtbar. Die Vaterstadt gewährt ihren Bürgern Rechte, doch sie erlegt ihnen auch Pflichten auf: Sie verlangt Gemeinsinn. Der Rat und die Erbgesessene Bürgerschaft schworen einander seit dem ausgehenden Mittelalter einen Bürgereid, bis 1844 in Plattdeutsch, dann bis 1918 auf Hochdeutsch: *»Ick lave und schwere tho Gott dem Allmächtigen, dat ich düssem Rahde und düsser Stadt will truw und hold wesen, Eer Bestes söken unde Schaden abwenden, alse ick beste kann und mag.«* Noch 1860 setzte die Wahlberechtigung – damals nur der Männer – das Gelöbnis im Bürgereid voraus, »der Freien und Hansestadt Hamburg treu und hold zu sein« – eine Formel, die sich schon in den Huldigungen des Mittelalters fand.

Man ist stolz auf das Gemeinwesen. Nirgendwo kommt dieser Bürgerstolz besser zum Ausdruck als in Georg Nicolaus Bärmanns Hymne aus dem Jahre 1828:

Stadt Hamburg an der Elbe Auen
wie bist Du stattlich anzuschauen
mit Deiner Türme Hochgestalt
und Deiner Schiffe Mastenwald!
Heil über dir! Heil über dir,
Hammonia, Hammonia!
[…]
O, wie so herrlich stehst Du da!
Gott wolle ferneres Gedeihn
der teuren Vaterstadt verleihn.

Emolumento publico: Zum Nutzen der Allgemeinheit dienen, wie die Bienen ihrem Volk, so lautet die Devise im Wappen der Patriotischen Gesellschaft bis heute

Man fragt hier nicht bloß, was die teure Vaterstadt für einen tun kann, man tut auch etwas für sie. Das war schon immer so. »Von jedem Bürger wurde vorausgesetzt«, schreibt der Historiker Percy Ernst Schramm, »dass er der Stadt nach allen seinen Kräften diente – sei es als Bürgerwache, in einem Kirchenamt, in der Verwaltung einer Stiftung, sei es in den bürgerlichen Kollegien und Deputationen.«

Etwas tun für die teure Vaterstadt – diesem Zweck widmet sich bis zum heutigen Tag die 1765 gegründete Patriotische Gesellschaft, mit vollem Namen »Hamburgische Gesellschaft zur Beförderung der Künste und nützlichen Gewerbe«. Dahinter standen Männer wie der Jurist Johann Ulrich Pauli, der im Gründungsaufruf die Frage gestellt hatte, »auf welche Weise man den Menschen am nützlichsten sein könne«; der Arzt Johann Albert Heinrich Reimarus; der Mathematikprofessor am Akademischen Gymnasium und Mitbegründer der Handlungs-Akademie Johann Georg Büsch; dazu der Erbauer des »Michel«, Ernst Georg Sonnin. Diese Hamburger Honoratioren erstrebten die »Einrichtung einer ähnlichen patriotischen Gesellschaft zur Aufnahme der Handlung, der Künste, der Manufacturen und des Ackerbaus, wie die zu London und Paris ist«.

Der Gründungsakt fand im eigentlichen Herzen Hamburgs statt: in der Alten Börse. Die Förderung des Hafens und der »Handlung«, wie man dazumal Handel und Geschäfte nannte, war denn auch eines der erklärten Ziele. So wurden Kunst- und Gewerbeschulen eingerichtet, eine Navigationsschule gegründet und gewerbliche Ausstellungen gesponsert. Das Versicherungswesen erfreute sich ebenso der Unterstützung der Patriotischen Gesellschaft wie die Einrichtung der ersten Sparkasse der Welt im Jahre 1778. Aber auch den Anbau der damals eben erst in Deutschland heimisch werdenden Kartoffel förderte sie nach Kräften.

Doch es ging der Patriotischen Gesellschaft nie bloß um den merkantilen Nutzen. Ihr Wappen zieren ein Bienenstock und das Motto »Emolumento publico« – zu Nutz und Frommen der Allgemeinheit. In diesem Geist hat sie auch an der Gründung zumal auf dem Gebiet der Fürsorge segensreich gewirkt, und dies zu einer Zeit, als es noch keinerlei staatliche Sozialpolitik gab. Viele gemeinnützige Einrichtungen wie Säuglings- und Milchküchen, Waschhäuser und Badeanstalten, Waisenhäuser und öffentliche Bücherhallen gehen auf ihre Anregung zurück, auch die 1788 gegründete Allgemeine Armenanstalt, Vorläuferin des späteren Wohlfahrtsamtes. Die Gesellschaft propagierte angesichts der erbärmlichen Zustände in den Siechenhäusern die Gründung des Krankenhauses St. Georg (1823) und unterstützte den 1864 gegründeten Arbeiterbildungsverein ebenso wie den Aufbau des Kunst- und Gewerbemuseums. Maßgeblich war sie an der Gründung des Vereins für Hamburgische Geschichte und des Architekten- und Ingenieurvereins beteiligt. Zu Beginn des 20. Jahrhunderts richtete sie Mütterberatungsstellen und »Familiengärten« ein. Nach dem Zweiten Weltkrieg kamen Vorhaben wie die »Patriotischen Kulturtage«, die »Stiftung Freiraum« zur Förderung neuer Wohnformen und die Informations- und Kontaktstelle Aktiver Ruhestand (I.K.A.R.U.S.) hinzu, obendrein eine enge Zusammenarbeit mit der Brahms-Gesellschaft und der Telemann-Gesellschaft oder dem Verein der Freunde der Denkmalpflege. Die »Virtuelle Freiwilligenagentur« hat sich im Internet als Börse für das Ehrenamt etabliert. Höchst erfolgreich ist auch das Projekt »Seitenwechsel«, bei dem Führungskräfte an ungewöhnlichen Lernorten – sozialen Projekten wie etwa »Hinz & Kunzt« – je eine Woche lang ihren Erfahrungshorizont erweitern.

Die Patriotische Gesellschaft residiert seit 1847 an der Trostbrücke, neben dem Brückenheiligen St. Ansgar. Das ehrwürdige Backsteingebäude steht auf dem Platz des Alten Rathauses, das während des Großen Brandes von 1842 gesprengt worden war, um die Feuerwalze zu stoppen. Im Großen Saal tagte von 1848 bis 1850 die glücklose Verfassungsgebende Versammlung, und bis zur Einweihung des neuen Rathauses 1897 trat dort für lange Jahre die Bürgerschaft zusammen – gegen Mietzahlung, denn die Patriotische Gesellschaft hatte sich mit den Baukosten völlig verausgabt.

Hochherzige Frauen und Männer – Amalie Sieveking, Emilie Wüstenfeld, Charlotte Paulsen, der Gefängnisreformer Nikolaus Heinrich Julius und viele andere – haben sich in Hamburg früh der Armen- und Krankenpflege, aber zugleich der Betreuung von Schwachsinnigen, Gefangenen und gefallenen Mädchen gewidmet; darunter auch der Theologe Johann Hinrich Wichern mit seinem bis heute existierenden Rauhen Haus, das 1833 als Anstalt für sittlich verwahrloste Kinder gegründet wurde. Auch das Israelitische Krankenhaus ist in diesem Zusammenhang zu erwähnen, das Salomon Heine 1839 als Privatstiftung errichtete. Zehn Jahre später wurde es im Gefolge der Gleichstellung der Juden durch die Frankfurter Nationalversammlung, dem Willen des Stifters entsprechend, für Patienten aller Konfessionen geöffnet.

Dem vaterstädtischen Geist ist zugleich eine Fülle mildtätiger Stiftungen zu danken, die zum Teil bis ins Mittelalter zurückreichen. Im 13. Jahrhundert waren es Memorienstif-

Eine der bedeutendsten Hamburger Persönlichkeiten seiner Zeit war Salomon Heine, Onkel des Dichters Heinrich Heine. Porträt um 1820

tungen, die Fürbittmessen für das Seelenheil der Verstorbenen oder die Gehälter von Vikaren finanzierten. Doch verschrieben sich Stiftungen wie die von Kurt Muneke (1390) nicht nur frommen Zwecken, sondern auch dem öffentlichen Nutzen. Anstelle des »Trostes der Seele« rückte mehr und mehr das »gemeine Beste« in den Vordergrund. Einige unterhielten Hospitäler, darunter das 1227 gegründete Hospital zum Heiligen Geist, die älteste kontinuierlich bestehende Hamburger Stiftung, oder das von Hans Treptow gestiftete

Hiobsspital für Syphiliskranke. Der Ratsherr Hinrich Murmeister richtete dem Rat Ende des 15. Jahrhunderts eine Bibliothek ein, die auch Bürgern zugänglich war.

Auch Frauen hinterließen derlei Vermächtnisse, zum Beispiel Anna Büring, deren Stiftung aus dem Jahre 1535 bis ins 20. Jahrhundert »rechtschaffenen bedürftigen Armen« Zuwendungen machte. Zur gleichen Zeit stellte der Kaufmann Dirck Koster Wohnungen für Arme bereit; seine Stiftung unterhält heute eine moderne Seniorenwohnanlage in Eidelstedt. Aus den »Gotteswohnungen« des Mittelalters gingen zwei Dutzend Wohnstifte hervor, Unterkünfte für »Menschen in gedrückten Verhältnissen«, darunter das Schröderstift, die Daniel Schutte-Stiftung und die Abraham Philip Schuldt-Stiftung. Die Martha-Stiftung kümmerte sich um die »Hebung des weiblichen Dienstbotenstandes durch Unterricht«. Ähnlich sorgte die Heinrich Schmilinsky-Stiftung für die Ausbildung junger Frauen aus den »gebildeten Ständen«. Vorbildlich war auch die 1585 von wohlhabenden Holland-Flüchtlingen um Willem Amsinck gegründete Niederländische Armen-Casse. Analog zu solchen sozialen Einrichtungen entwickelte sich im 19. Jahrhundert ein blühendes jüdisches Stiftungswesen (Vaterstädtische Stiftung). Im Jahre 1901 verzeichnete ein »Handbuch für Wohlthätigkeit in Hamburg« 900 karitative Einrichtungen, wovon zwei Drittel Stiftungen waren. Ihnen ist zu danken, dass das Elend vieler tausend Menschen in der Stadt nicht ins Bodenlose sank.

An Stiftern, Spendern und Sponsoren hat es Hamburg nie gemangelt. Mäzenatentum und generöser Gemeinsinn sind an der Alster seit jeher zu Hause. Bürgerliche Mitverantwortung für das Sozialwesen wie für das Kulturleben war in Hamburg eine Selbstverständlichkeit, längst ehe die zeitgenössischen Bürgerinitiativen auf den Plan traten.

Angesichts dieses traditionsgeprägten Bürgersinns kann der Satz nicht verwundern, der im Vorspruch der Verfassung von 1952 steht: »Jedermann hat die sittliche Pflicht, für das Wohl des Ganzen zu wirken.« Der nachfolgende Satz lautet: »Die Allgemeinheit hilft in Fällen der Not den wirtschaftlich Schwachen und ist bestrebt, den Aufstieg der Tüchtigen zu fördern.«

Diese Formulierung spiegelt gute alte Tradition wider, wie sie sich im Wirken beispielsweise des Spendenparlaments, der Obdachlosenzeitung »Hinz & Kunzt« und der »Hamburger Tafel« bis in unsere Tage fortsetzt. Sie alle tun Gutes aus Gemeinsinn. Das Spendenparlament, 1996 von Pastor Stefan Reimers ins Leben gerufen, sammelt und verteilt Spenden an Arme, Obdachlose und Einsame – bisher über zwei Millionen Euro. »Hinz & Kunzt« hilft 400 von über 1300 »Berbern« der Stadt, sich selbst zu helfen. Von jedem Exemplar, das die obdachlosen Mini-Unternehmer für 1,40 Euro verkaufen, verbleiben ihnen 75 Cent. Die Hamburger Tafel aber, 1994 von der rührigen Rentnerin Annemarie Dose gegründet, sammelt mit inzwischen sechs Lieferwagen täglich jeden Morgen in Restaurants, Bäckereien, Schlachtereien und Be-

Die Flaggen werden aufgezogen, die neue Hamburger Verfassung ist in Kraft. Pressefoto vom 6. Juni 1952

triebskantinen Frischware ein, die sonst schnöde entsorgt würde, so aber nachmittags schon an 86 soziale Einrichtungen verteilt werden kann. Manche Hersteller, Erzeuger und Großunternehmen liefern Konserven, Wasser, Säfte, Tee auch direkt ans Lager der »Tafel«. Dies sind nur wenige Beispiele tätigen Samaritertums. Manche Wohltäter sind auch weit jenseits der Hamburger Stadtgrenzen aktiv – etwa die Schauspielerin Witta Pohl mit ihrem Verein Kinder-Luftbrücke, der seit 1991 mehr als 20 Millionen Euro für hilfsbedürftige Kinder in Osteuropa gesammelt hat. Es gibt viele andere. Hamburg darf stolz darauf sein.

Helmut Schmidt steht voll in dieser Tradition seiner Vaterstadt, wenn er unermüdlich dafür wirbt, neben den Menschenrechten die Menschenpflichten nicht zu vergessen. Die ernsten Ratsherren in ihren schwarzen Amtsgewändern mit der weißen Halskrause, deren Porträts die Rathauswände schmücken, würden zustimmend nicken, könnten sie den Satz des Altbundeskanzlers lesen: »Jeder von uns trägt Verantwortung auch für andere und auch für das Ganze. Daraus ergeben sich Pflichten. Diese Pflichten stehen nicht im Gesetz […]. Wir brauchen Mut zur öffentlichen Moral.«

Das Hamburger Wesen

An dem geschichtlichen Abriss wird schon sehr deutlich, was den Hamburger ausmacht; auch, was ihn auszeichnet; womöglich sogar, was ihm fehlt. Manches mag ja in der Tat nur die halbe Wahrheit sein.

Das Verhältnis zu den Juden

So nahm Hamburg zwar früh Juden auf, während in Bremen bis 1848 Juden nicht einmal nächtigen durften, aber im benachbarten – dänischen – Altona genossen sie weit mehr Freiheiten; wie dort überhaupt die Leute mehr Freiheit hatten. Dies kam schon im Namen der beiden Grenzstraßen Kleine Freiheit und Große Freiheit zum Ausdruck – Namen, die nicht etwa, wie Reeperbahn-Besucher vermuten könnten, die sexuelle Schrankenlosigkeit eines Rotlicht-Distrikts versinnbildlichen sollten. Jüdische Schüler nahm das Altonaer Christianeum schon vor der Französischen Revolution auf; zum Johanneum wurden sie erst 1802 zugelassen. In Altona konnten Juden Klubmitglieder des »Museums« werden, nicht aber in der »Harmonie« der Hansestadt. So gründeten sie 1798 die »Ressource«, eine Gesellschaft, die sich dem »Genuss geselliger Freuden und erlaubter Vergnügungen« widmete, aber auch der »Verbreitung humaner Gesinnungen, Erwerb und Mittheilung gemeinnütziger Kenntnisse, Stiftung guter und wohltätiger Anstalten«.

Es gab einen Antisemitismus nicht nur der kleinen Leute. Salomon Heine, der Onkel Heinrich Heines, durfte zwar Mitglied der Patriotischen Gesellschaft werden, doch zum »Ehrbaren Kaufmann« wurde er, der seiner Stadt nach dem Brand von 1842 und auch sonst so viel Gutes getan hatte, nie zugelassen. Zwar spielte der Jurist und Glaubensjude Gabriel Riesser als einer der hamburgischen Vertreter in der Frankfurter Nationalversammlung eine herausragende Rolle, doch erst ein Dutzend Jahre später wurde er zum Richteramt zugelassen. Die Judenemanzipation blieb noch jahrzehntelang ein Thema der politischen Auseinandersetzung in der Hansestadt.

Als in der Gründerzeit nach 1871 der ökonomische Fortschritt Einzug hielt, die Sozialdemokratie ihren Aufstieg begann und Juden zunehmend in geachtete gesellschaftliche Stellungen einrückten, fanden antisemitische Agitatoren viel Zulauf. Die Parolen des Berliner Hofpredigers Adolf Stoecker und des Wiener Antisemiten Georg von Schönerer fielen im Mittelstand wie im Handwerk auf fruchtbaren Boden. Der 1890 gegründete Antisemitische Wahlverein und die

Deutsch-soziale Reformpartei erzielten bei den Reichstagswahlen von 1898 einen Stimmenanteil von 6,9 Prozent. Bis 1912 schrumpften sie wieder auf 0,3 Prozent. Antisemitisches Gedankengut war indes auch in anderen Parteien und Verbänden heimisch. Dies traf zumal auf den in Hamburg gegründeten Deutschnationalen Handlungsgehilfen-Verband zu, der seinen Hauptsitz in der Hansestadt hatte und dort in seinem Hochhaus am Karl-Muck-Platz (heute Verdi-Haus und Johannes-Brahms-Platz) auch einen eigenen Verlag unterhielt. Zwar ließ sich der Senat von diesen Bewegungen nicht beeindrucken. Anders als in Preußen konnten Juden in der Verwaltung und in der Justiz ungehindert Karriere machen. Eingang in den Senat fanden sie jedoch ebenso wenig wie in die Schlüsselstellungen der Behörden. »Hier in Hamburg«, bemerkte der Privatbankier Max Warburg, »gibt es keinen offenen Antisemitismus, aber viele verborgene antisemitische Gefühle.«

Im Jahre 1811 hatten in Hamburg 6429 Juden gelebt, 4,87 Prozent der Einwohnerschaft. Bei der Reichsgründung 1871 waren es 13.796 (4,07%). Für 1933, als Hitler an die Macht kam, meldete die Statistik 16.973 Juden (1,39%). Sie spielten eine bedeutsame Rolle im Wirtschaftsleben, in der Ärzte- und Anwaltschaft. Bereits in den Zwanzigerjahren hatten der Deutschnationale Handlungshilfenverband und der Deutsch-Völkische Schutz- und Trutz-Bund (ebenfalls mit Sitz in Hamburg) gegen sie agitiert. Beide Organisationen – mit 400.000 Mitgliedern die Handlungsgehilfen und mit 200.000 Anhängern die Deutsch-Völkischen – gehörten zum Rekrutierungsfeld der Nationalsozialisten. Im Schutz des Hakenkreuzes regte sich bald nach Hitlers »Machtergreifung« ein kruder Antisemitismus von unten. Im Februar 1933 schon skandierten SA-Abteilungen »Juda verrecke« und sangen »Wenn das Judenblut vom Messer spritzt«. Juden wurden aus Berufsverbänden und Standesorganisationen ausgeschlossen oder hinausgemobbt, der Kampfbund für den gewerblichen Mittelstand inszenierte Anfang April einen Boykott jüdischer Firmen und Geschäfte. Hetzplakate nahmen Beiersdorf auf die Hörner, das von dem Apotheker Oscar Troplowitz und dem Dermatologen Paul Gerson-Unna gegründete Unternehmen, dessen Erzeugnisse Nivea, Leukoplast und Labello weltweit die Marktführerschaft errungen hatten: »Wer Nivea-Artikel kauft, unterstützt damit eine Judenfirma!« Oder: »Kauft keine jüdische Hautcreme!«

Und so ging es weiter, wie anderswo. Der Hapag-Dampfer »Albert Ballin« wurde dienstfertig umgetauft in »Hansa«. Zu Hitlers Geburtstag am 20. April 1933 versammelten sich »Vorstand und Angestelltenschaft« der Hamburg-Amerika-Linie, um des frisch gebackenen braunen Reichskanzlers zu gedenken und ihm untertänigst »zehn freie Reisen über See« und »20 freie Reisen nach Helgoland« zur Verteilung an gesundheitsgeschädigte SA- und SS-Leute anzubieten. In der Festschrift zum 90-jährigen Bestehen der Hapag kam der Name Albert Ballin nicht ein einziges Mal vor. Jüdische Lehrer, Dozenten, Professoren wurden entlassen, darunter der Philosoph Ernst Cassirer, der Kunsthistoriker Erwin Panofsky, der Psychologe William Stern, der Völkerrechtler Albrecht Mendelssohn-Bartholdy. Im August 1933 ordnete der Senat die Entfernung des Heinrich-Heine-Denkmals aus dem Stadtpark an. Die Wirtschaft machte keine Ausnahme. Ein 33-jähriger NSDAP-Mann verdrängte im Zuge der »Gleichschaltung« den aufrechten Handelskammer-Präses Carl Ludwig Nottebohm – ein Vorgang, der den Konflikt zwischen der alten Kaufmannsgeneration und der »Kriegsjugendgeneration« beleuchtet. Ihr ging die nationale, oft auch antisemitische Orientierung über das Festhalten an den alten Werten und Tugenden.

Längst hat sich als Legende erwiesen, dass sich die Arisierung in Hamburg weniger brachial abgespielt habe als anderswo oder die Juden hier in der Hitlerzeit glimpflicher behandelt worden seien. »Die Verfolgung und Vernichtung unter dem Nationalsozialismus«, schreibt Arno Herzig, »war in Hamburg ebenso brutal wie in anderen deutschen Städten.« Sein Historikerkollege Frank Bajohr stimmt ihm zu: »Von einer ›verspäteten‹ oder gar rücksichtsvollen Anwendung antijüdischer Reichsgesetze konnte in Hamburg keine Rede sein.« Eine Zeit lang mochte die Rücksicht auf den Außenhandel die Partei und die Behörden zur Zurückhaltung genötigt haben, aber schon bald war davon nur noch wenig zu spüren, und schließlich gab es gar kein Halten mehr. Bajohr führt 662 Unternehmen auf, die nach 1936/37 »arisiert« wurden, wobei die Arisierung praktisch auf reine Enteignung und Ausplünderung hinauslief. Die Bank M.M. Warburg, die Reederei Arnold Bernstein, der Textilhändler Robinsohn, das große Reisebüro Walter Bamberger, das Korsetthaus Gazelle, Fiedlers Strumpfläden und Hunderte andere Unternehmen – sie alle fielen der systematischen »Entjudung« zum Opfer. Viele Hamburger Juden suchten den Freitod. Andere wanderten aus – 4100 allein 1938. Nach dem Novemberpogrom der »Reichskristallnacht«, in der die große Synagoge am damaligen Bornplatz in Flammen aufging, schnellte die Auswandererzahl weiter in die Höhe. Im Mai 1939 lebten nur noch 10.131 Juden in der Stadt. Die meisten erlebten den Kriegsausbruch in Hamburg. Die wenigsten erlebten das Kriegsende.

Im September 1941 wurde ihnen der Judenstern angeheftet. Sie mussten Ausgangssperren beachten, durften keine Haustiere halten und weder Schreibmaschinen noch Radios, noch Plattenspieler besitzen. Bei Luftangriffen war ihnen der Aufenthalt in öffentlichen Luftschutzräumen untersagt. Und am 24. Oktober 1941 mussten sich die ersten 1000 auf der Moorweide zur Deportation einfinden. Sie kamen mit Handgepäck und Koffern und wurden sogar aufgefordert, doch bitte Ansichtskarten zu schreiben. Sobald sie jedoch außer Sichtweite waren, änderte sich der Ton. Per Viehwagen ging es in die Vernichtungsmühlen des Ostens. In 17 Transporten sind zwischen Herbst 1941 und Februar 1945 an die 8000 Hamburger Juden in die Todeslager von Minsk, Riga, The-

Hamburg machte bei der Terrorisierung der jüdischen Bevölkerung während der NS-Zeit keine Ausnahme. Schon im April 1933 gab es SA-Aktionen zum Boykott jüdischer Geschäfte, wie hier in der Grindelallee

resienstadt und Auschwitz verfrachtet und dort ermordet worden. Als das Naziregime endete, gab es in Hamburg keine jüdische Gemeinde mehr.

Die Hamburger sind denn keine besseren Menschen. Wie anderswo hat es jedoch auch in der Hansestadt an hellsichtigen und mutigen Einzelnen nicht gefehlt. So notierte Nikolaus Sieveking nach der »Reichskristallnacht« in seinem Tagebuch: »Das ist ein wahrer Bußtag heute. Es hat gefehlt am rechten Widerstand gegen diese ganze Entwicklung von Anfang an, die uns mit der Macht einer Lawine verschüttet hat. Wenn die Hoffnung noch bleibt, dass die Gemeinschaft der Anständigen doch eines Tages Wirklichkeit wird, dann schöpfen wir sie aus der Anschauung der Dinge und ihrer Entwicklung, wie sie einst waren.« Aus der gleichen Zeit stammt der Tagebucheintrag des Bankiers Cornelius Freiherr von Berenberg-Gossler: »Fast alle Menschen reden über die unglaublich niederträchtige Behandlung der Juden […]. Was sind alle Erfolge Hitlers neben diesen Gemeinheiten […]. Lieber ein kleiner, anständig geführter Staat als ein solches großes Reich, wie Deutschland es heute ist, ohne Recht und Anstand, mit einer Regierung von Räubern und Mördern.«

Derlei Äußerungen belegen, dass das Gefühl für Recht und Anstand nicht erstorben war in Hamburg. Gegen die Macht der Lawine ließ sich mit Tagebucheintragungen jedoch nichts ausrichten. Hinzu kam, dass die Hamburger Kaufleute sich von alters her um die Politik nur gekümmert hatten, wenn sie ihre Geschäfte berührte oder gar beeinträchtigte. Sonst hielt man sich nach Möglichkeit heraus. So auch während des Dritten Reiches.

Über das Hereinbrechen der Hitler-Diktatur wähnte man sich erhaben. Der Bankier Alwin Münchmeyer, das Urbild des »königlichen Kaufmanns«, bekannte später selbstkritisch, er habe die Goebbelssche Bücherverbrennung zwar als »albernes Freudenfeuerwerk« empfunden, doch kaum jemals etwas von dem gelesen, was da verbrannt wurde. Auch der Bannfluch über die »entartete Kunst« habe ihn und seinesgleichen kaum berührt. »Was wir von den modernen Künstlern kannten, mochten wir nicht leiden.« In der Rückschau auf die Judenverfolgung erklärte er seiner Tochter Stefanie von Viereck (die seine Lebenserinnerungen aufgeschrieben hat): »Wir taten nichts und dachten uns nichts dabei.« Das Verschwinden der jüdischen Geschäftspartner, der Warburgs, der Grünebaums, der Salomons, der Rappolts – nun: »Wir gaben uns noch immer mit der falschen Formel ›auf Zeit‹ zufrieden.« Hinzu kam ein Weiteres: »Gefühlsäußerungen waren nicht unsere Sache.«

Überhaupt geht ja wohl die Hamburger Weltläufigkeit mit einem Schuss stadtbürgerlicher Steifheit und einer gewissen politischen Unbedarftheit einher. Gewandtes Weltbürgertum und enger Provinzialismus – das schloss (und schließt) sich nicht unbedingt aus. Matthias Wegner mag es überspitzt haben: »Die Hamburger Großkaufleute kümmerten sich um die ökonomischen Grundlagen allen Seins, nicht um Fragen von

Moral und Ethik.« Doch lag er mit seinem Urteil auch nicht ganz daneben. Was zählte, war vor allem die wirtschaftliche Praxis in den nahen und fernen Kontoren.

Kaufmannsgeist in guten und bösen Zeiten

Im Geschäftsleben legen die Stockhamburger seit jeher großen Wert auf Grundsätze, Haltung und Erfahrung. »Ungezügelte Geschäftslust«, gar Spekulationssinn ist nie ihre Art gewesen. Das Motto der Buddenbrooks hätte auch das ihre sein können: »Mein Sohn, sey mit Lust bey den Geschäften am Tage, aber mache nur solche, dass wir bey Nacht ruhig schlafen können.«

Die Spötter haben Unrecht, die den Unterschied zwischen Kaufleuten so erklären: »Alle verkaufen ihre Großmütter, aber die Hanseaten liefern auch.« Anstand und Sitte verlangen sie über die gesetzlichen Regelungen hinaus. »Wer die Moral verkauft, wird nie ein ehrbarer Kaufmann« – dieses Bekenntnis von Robert M. Eckelmann, Hamburger Unternehmer in fünfter Generation, zeigt, dass der alte Kaufmannsgeist noch lebt. Er spricht auch aus dem Satz des Handelskammer-Präses Karl-Joachim Dreyer: »Der Eigennutz des Einzelnen ist ein notwendiger und mächtiger Motor für Leistung und Innovation. Die ethische Verantwortung ist als Korrektiv allerdings unerlässlich, damit ungehemmter Egoismus diesen Motor nicht zerreißt.« Der

Satz könnte auch von einem der Altvorderen stammen. Stets ging es nach der Devise Ernst Mercks: »Hamburgisch ist immer Gepflegtheit, Würde und – bei reichen Mitteln – Einfachheit gewesen.«

In der Tat lebte man einfach. Wohl geboten die hansestädtischen Patrizierfamilien über reichlich Personal: Hausmädchen, Kinderfrauen, Gouvernanten, Gärtner, Kutscher und Köchinnen. Daneben hatten sie ihre »Morgenmänner« fürs Heizen, Schneeschippen und Stiefelputzen, der Barbier kam ins Haus oder ins Kontor (noch bei Rudolf Augstein übrigens, der nur den Meister-Figaro Wolfgang Castell aus der Milchstraße an seine Bartstoppeln gehen ließ), und einmal in der Woche schaute der Uhrmacher vorbei, um in Harvestehude, Rotherbaum, auf der Uhlenhorst und an der Elbchaussee die Uhren aufzuziehen und zu stellen. Doch die Bediensteten gehörten nicht nur zum Hausstand, sie waren Teil der Familie. Die Tradition hielten sie ebenso hoch wie ihre Herrschaft. Oft entschied die Kinderfrau, welchen Ball die Töchter und Söhne des Hauses besuchen durften. Auch die »Köksch« hielt sich an das, was »geprüft und bewährt« war – so hieß der Titel eines populären Kochbuches, in dem die berühmte Stelle vorkam, dass man Sauerkraut zum Wildbraten auch mit Weißwein anmachen könne, wenn man den eigentlich nötigen Champagner nicht zu Hause habe.

Die »Herrschaften von Stand« genossen ihre Derbys und Ruderregatten, ihre Spieleabende und Feuerwerke. Sie gaben einander »große Gesellschaften«, bei denen zum Diner für

Tausende dienstbarer Geister machten in wilhelminischer Zeit das Leben der bürgerlichen Hamburger Haushalte angenehm. Dies »Kleinmädchen« kommt gerade vom »Einholen« und bringt der »Köksch« Zutaten für die nächste Mahlzeit

24 Personen »lang gedeckt« wurde. Ansonsten lebte man sparsam. Es verbot sich jede Üppigkeit des Lebenszuschnitts. Auch der viel beschäftigte Reeder stieg gern aus der Straßenbahn aus, um sich die fünf Pfennig für die nächste Tarifzone zu ersparen; und vor Börsenbeginn rannten die seriösesten Kaufleute in Gehrock und Zylinder mit unziemlicher Hast durch die Straßen, damit sie nicht die 30 Pfennig »Sperrgeld« entrichten mussten, die allen Zuspätkömmlingen aufgebrummt wurden. Die Anzüge und Mäntel – aus bestem englischen Tuch natürlich – wurden gewendet, bis sie den Männern fast vom Leibe fielen. Noch in den Siebzigerjahren des 20. Jahrhunderts pflegte der Bankier Eric Warburg seine Frau zu schelten, wenn sie einen abgetragenen Anzug ans Rote Kreuz gab: »Der wäre doch noch lange gut gewesen!« Warburg unterschied auch penibel zwischen »Bankier« und »Banker« – Letzterer war ein Angestellter, Ersterer hingegen jemand wie er, der mit seinem Geld auf eigene Rechnung und Gefahr arbeitete.

Im Übrigen galt vor 100 Jahren in Hamburg die »englische Tischzeit«: Kaufleute, Anwälte, Reeder arbeiteten durch und nahmen ihr Mittagsmahl – merkwürdigerweise »Frühstück« genannt – in der Stadt ein. (Noch heute heißen die Mittagseinladungen ins Rathaus »Senatsfrühstück«.) Entsprechend aß man abends zu »Mittag« – »mit aller Kultur«, wie Thomas Mann im »Zauberberg« vermerkt. Das eigentliche Frühstück im Kreise der Familie bestand aus Kaffee für die Erwachsenen, Kakao für die Kinder, dazu »Rundstücke« – Hamburger Semmeln – mit Marmelade, Pflaumenmus, Apfelkraut oder Honig.

Die Hamburger Küche war ein Kapitel für sich. »Am besten wird gegessen in der Welt/in Hamburg, diesem edlen Beefsteakhorte«, dichtete Detlev von Liliencron. Klaus Mann stimmte ihm zu: »Das Essen in Hamburg war immer besser als in sämtlichen anderen Städten Deutschlands.« Alte Kochbücher verzeichnen deftige Köstlichkeiten wie Gänsebraten, »Gooskül söötsuur« und gefüllten Gänsehals; Kalbsschweser und Kräuterschmorbraten; Hecht gebacken und Stör mit Austernragout; Buchweizengrütze, dicke Graupensuppe, Puddings und Aufläufe; Bierkaltschale und »Errötende Jungfrau« – ein Buttermilchgericht mit roter Gelatine und Preiselbeermarmelade. An Eiern, Zucker und Schmand wurde nicht gespart. »Rundstück warm« – eine Scheibe kalten Bratens auf zwei Brötchenhälften, darüber heiße Soße – ist mittlerweile so gut wie ganz vom Hamburger Speisezettel verschwunden, ebenso Aalsuppe mit Backpflaumen und Rosinen (»in vier Töpfen gekocht«) und »Snuten und Poten«, Schweineköpfe und Schweinepfoten, drei Stunden lang gesotten und dann mit Sauerkraut serviert. Nur das gute alte Labskaus, gepökeltes Rindfleisch in gestampften Kartoffeln, mit Rollmops, Rote Bete, saurer Gurke und Spiegelei, hat sich auf dem Küchenplan gehalten.

Viele Restaurants bieten noch heute jenen »Senatorentopf« oder »Börsentopf« an, den die Herren der Schöpfung vor 100 Jahren gern zu ihrem »Frühstück« bestellten: drei kleine

Filets vom Rind, Kalb und Schwein mit Gemüse und Bratkartoffeln. An der Börse hatte man, mit Glück, kräftig verdient; nach Börsenschluss verdiente man etwas Kräftiges. Dabei waren die meisten noch nicht allzu lange auf den Beinen: Bürobeginn war im Allgemeinen um 9 Uhr. Dem früheren »Spiegel«-Redakteur und Bundespressechef Conrad Ahlers hatte sein Vater schon früh eingeschärft: »Wenn du jemanden vor neun auf der S-traße siehst, so ist der nichts, und es wird auch nichts aus ihm werden.«

Das landläufige Außenseiter-Urteil über die großen Hamburger Familien hat am präzisesten Klaus Mann formuliert. Im Jahre 1943 schrieb er in einer Betrachtung über die Zerstörung Hamburgs durch die alliierten Bombenangriffe: »Die hanseatischen Patrizier waren stolz auf ihren weit zurückreichenden Stammbaum, auf ihre kostbaren Weinkeller, auf die gepflegten Rasenflächen in ihren Parks, auf ihre vornehmen Manieren und ihre nüchternen, eigenständigen Ansichten. Für sie bestand die gesellschaftliche Elite Berlins aus hysterischen Parvenüs und Plebejern. Hamburg dagegen stand in dem Ruf, sich kühl, steif und allzu aristokratisch zu geben. Gleichzeitig jedoch spürte man eine bestimmte frische, abenteuerlustige, für alle großen Hafenstädte typische Brise in der Luft.«

Die Innenansicht über die hanseatischen Patrizier hat keiner besser ausgedrückt als Askan Klée-Gobert, selbst Spross einer der alten Familien und nach dem Zweiten Weltkrieg Präses der Kulturbehörde. In seinen 1964 erschienenen Memoiren hat er den Lebensstil der Hamburger Kaufleute farbig geschildert. Auch ihren Geist hat er trefflich eingefangen. In dem Büchlein »Zacke und Loch« schreibt er: »Eines Tages bemerkte der Großvater, bei dem wir oft zu Abend aßen: Heute sah ich Herrn H. auf dem Rathausmarkt, und er rauchte eine Zigarre. Etwas verwundert fragten wir, ob man auf dem Rathausmarkt nicht rauchen dürfte oder ob Herrn H. das Rauchen verboten sei? Aber es stellte sich heraus, Herr H. hatte vor einigen Monaten Konkurs gemacht, *falliert,* wie man bis 1900 sagte, und dem Großvater war es unverständlich, dass ein Kaufmann sich einen entbehrlichen Genuss leisten könne, bevor er den letzten Pfennig seinen Gläubigern rückerstattet habe.« Der Anstand gebot auch, dass man, erlitt man geschäftlichen Schiffbruch, aus der Villa an der Elbchaussee in eine Dreizimmerwohnung zog und sich ehrlich wieder hocharbeitete. Alles andere galt als standeswidriges Verhalten. Zuweilen – so 1880 nach dem Bankrott des Handelshauses Godeffroy, eines Weltkonzerns mit chronischem Geldmangel – kauften Freunde das Landhaus an der Elbchaussee und ließen den Pleitier darin wohnen. Von der Unterstützung der Not leidenden Firmen hat man an der Hamburger Börse nie etwas wissen wollen; das hätte gegen eiserne Prinzipien verstoßen.

»In dieser Epoche ist das viel missbrauchte Wort vom königlichen Kaufmann entstanden«, schreibt Gobert. »Der es zuerst aussprach, dachte nicht an ein königliches Auftreten der reichen Handelsherren, sondern an ihre Souveränität, das heißt an ihre von Aufsichtsräten, Direktionen oder Majoritäten völlig unabhängige wirtschaftliche Position, deren einziger Partner der Kredit war, den sie in der Londoner Bankwelt genossen. Er dachte weiter, dass viele von ihnen Überseehäuser, Niederlassungen, Plantagen mit den dazu notwendigen diplomatischen Verbindungen besaßen, welche Königreichen glichen, weil ihr Gedeih und Verderb von der Regierungskunst ihres Souveräns abhing, so dass sie bei schlechter Erbfolge zerfielen. Daher hat sich auch schon vor dem Einfluss der Kriege nur in wenigen Fällen ein Hamburger Kaufmannsvermögen über mehr als drei Generationen erhalten.«

Das »Kaufmannstrivium« definierte die drei Voraussetzungen des Berufsstandes: Handschrift, Stil und fremde Sprachen. Das »Quadrivium« verlangte von seinen Mitgliedern Kontor-Routine, Warenkenntnis, ordentliche Menschenbehandlung und gezügelte Phantasie. Ihren Wahlspruch entnahmen die hansischen Kaufleute der Bibel: »Wirket, solange es Tag ist; es kommt die Nacht, da niemand wirken kann.« Die Hanseaten nannten sich nicht »Großkaufleute«, es genügte ihnen der Titel »Kaufmann«, auch wo sie Chefs von Welthäusern waren. Eine Aussage aus dem Jahre 1838 bestätigt dies: »Der Rang eines Kaufmanns ist der höchste, den man faktisch in Hamburg haben kann. Jedenfalls aber der einflussreichste.«

Eine gewisse Engstirnigkeit schloss solch lauteres – und stolzes – Denken nicht unbedingt aus. »Eierköpfe« galten nicht viel, was wohl auch erklärt, dass Hamburg erst 1919 eine Universität erhielt. Fast 30 Jahre lang war das Projekt Universitätsgründung diskutiert und immer wieder verworfen worden. Ein Übermaß an Wissen helfe wenig, wo es im Geschäftsleben auf Menschenkenntnis, Instinktsicherheit und Entschlusskraft ankomme, lautete ein Einwand. Ein anderer wurzelte in der Befürchtung, die Wissenschaftler könnten so viel Einfluss gewinnen, dass der Kaufmann zum Bürger zweiter Klasse degradiert werde; der Handelsstand müsse aber die erste Rolle spielen. Doch musste 1883 das 1618 gegründete Akademische Gymnasium wegen Mangels an Hörern geschlossen werden. Die Gründung einer Hochschule drängte sich auf.

Es war vor allen Dingen der Senatssyndicus (später Senator und schließlich Bürgermeister) Werner von Melle, der das Vorhaben gegen alle Widerstände vorantrieb. Zunächst begann er mit dem Ausbau eines »Allgemeinen Vorlesungswesens«, einer Art von Volksuniversität, die im Wintersemester 1906/07 über 13.000 eingeschriebene Hörer zählte. Vor allem nach der Gründung der Hamburgischen Wissenschaftlichen Stiftung im Jahre 1907 fand von Melle Unterstützung bei den Wissenschaftlern und Museumsdirektoren der Stadt, aber auch bei weitsichtigen Wirtschaftsvertretern. Zu Ersteren zählten Justus Brinckmann, der Schöpfer des Museums für Kunst und Gewerbe, Alfred Lichtwark, der Direktor der Hamburger Kunsthalle, und der Stadtplaner Fritz Schumacher; zu Letzteren zumal der Kaufmann Edmund Siemers und die Bankiersfamilie Warburg. Siemers stiftete das Vorlesungsgebäude an der Moorweide, in dem zunächst das 1908 aus der Taufe gehobene Kolonialinstitut Unterschlupf fand und nach ihrer Gründung die Universität. Aber sowohl unmittelbar vor dem Ersten Weltkrieg wie unmittelbar danach fiel das Universitätsprojekt im alten Honoratiorenparlament ein ums andere Mal durch. Erst als die Sozialdemokraten nach den ersten allgemeinen Wahlen der Weimarer Republik die Vorlage noch einmal einbrachten, fand sich eine Mehrheit. Am 10. Mai 1919 nahm die Universität endlich ihren Lehrbetrieb auf. Zu Recht tragen eine Straße und ein Platz in der Nachbarschaft der Alten Aula die Namen von Siemers und von Melle, der beiden großen Förderer der hamburgischen Bildung und Wissenschaft.

Die Hamburger Stärken hatten denn ihre Kehrseiten, und dies in vielerlei Hinsicht. Der Traditionsstolz artete zuweilen in Dünkel aus. Die Sparsamkeit – »Geld haben kommt von Geld behalten« – verkam bei vielen zum Geiz. Zwar hätten sie nie den Satz über die Lippen gebracht: »Geiz ist geil«, aber Pfennigfuchserei galt ihnen als Tugend. Und die viel gerühmte Toleranz der Hanseaten, ihr Grundsatz »Leben und leben lassen«, war oft nicht mehr als der Ausfluss purer Gleichgültigkeit: bloße Duldung also, nicht Anerkennung. Thomas Mann hat in den »Buddenbrooks« wie im »Zauberberg« die Übergriffe mancher Hamburger Kaufleute, ihre Unredlichkeit, ihren fragwürdigen Lebenswandel aufs Korn genommen. Da mögen überkommene Abneigungen zwischen den hanseatischen Nachbarn im Spiel gewesen sein, doch hat der Lübecker damit sicher eine Seite des Hamburger Wesens getroffen, vor die man in Harvestehude und an der Elbchaussee gern den Vorhang mildtätigen Vergessens zog.

Der Hamburger Hanseat ist eben auch nur ein fehlbarer Mensch – wen dürfte dies Wunder nehmen? Über Opportunismus ist er nicht erhaben. Der Kaufherr oder Reeder war Kolonialist, Nationalist, Bellizist, wo dies der Geldvermehrung diente. Das einfache Volk passte sich jubelnd an und lief im Dritten Reich mit wie anderswo auch – 1932 schon war die NSDAP mit 31,2 Prozent die stärkste Fraktion in der Bürgerschaft. Viele ergänzten die rote Fahne der Weltrevolution flugs mit dem Hakenkreuz. Gar so weit her war es nicht mit dem »roten« Hamburg. Der Mythos entspricht nicht der Wirklichkeit; aber auch das ist keine auf Hamburg beschränkte Erscheinung.

Es fügt sich durchaus ins Bild, dass Adolf Hitler schon 1933, elf Wochen nach seiner Machtergreifung, eilfertig zum Ehrenbürger Nummer 16 der Stadt ernannt wurde. Die schwülstige Begründung lautete: »Wir, der Senat der Freien und Hansestadt Hamburg, urkunden hierdurch, dass wir unter freudiger Zustimmung der hamburgischen Bevölkerung dem Reichskanzler Adolf Hitler, dem siegreichen Führer zum neuen deutschen Staat, dem Erwecker deutscher Pflicht und Ehre und dem Künder deutscher Einheit und Größe, bei Vollendung des 44. Lebensjahres das hamburgische Ehrenbürgerrecht verliehen haben, die höchste Auszeichnung, die Hamburg zu erteilen vermag.« Dieselbe Ehre wurde 1937 dem preußischen Ministerpräsidenten und späteren »Reichsmarschall« Hermann Göring zuteil, der die Bildung von Groß-Hamburg durchgesetzt hatte.

Hitler hatte zu Hamburg ein besonderes Verhältnis. Zur »Führerstadt« wollte er es erheben; ein Partei-Wolkenkratzer am Elbufer sollte die braune Herrschaft über Marsch und Geest symbolisieren. Zwischen 1933 und 1945 stattete der »Führer« der Hansestadt 33 Besuche ab. Besonders gern kam er zu Stapelläufen großer Schiffsneubauten wie des ersten Kraft-durch-Freude-Schiffs »Wilhelm Gustloff« (1937), des KDF-Motorschiffs »Robert Ley« (1938) und des Schlachtschiffs »Bismarck« (1939). Bei der Taufe der »Bismarck« pries er die »gewaltige Entschlusskraft« des Reichseinigers von 1870/71, die ihn vor jedem feigen Ausweichen bewahrt habe: »Dreimal drückte ihm das Pflichtbewusstsein das Schwert in die Hand zur Lösung von Problemen, die seiner heiligsten Überzeugung nach durch Majoritätsbeschlüsse nicht gelöst werden konnten.« Es war klar: Auch Hitler wollte nicht ausweichen. Er hatte längst die Hand am Schwert. Auf dem Rathausmarkt wurde er trotzdem begeistert gefeiert. Selbst in vielen tonangebenden alten Familien fand er Unterstützung.

Göring fühlte sich wohl in der Stadt und war dort auch wohl gelitten; schließlich hatte er 1937 aus dem zerstückelten Alster-Elbe-Puzzle mit einem Federstrich das größere Hamburg werden lassen, wie wir es heute kennen. Auf der Moorweide begrüßte er im Mai 1939 die aus dem Spanischen Bürgerkrieg zurückgekehrte Legion Condor – nach Zeitungsberichten unter großer Anteilnahme der Bevölkerung. Auch seine Botschaft klang martialisch.

Ansonsten nahm Hamburg unter dem Hakenkreuz dieselbe Entwicklung wie der Rest des Reiches. Der Bürgermeister jener Jahre war Karl Krogmann, der schon seit längerem – obwohl er zunächst kein Parteimitglied war – zu Hitlers Wirtschaftsberatern zählte. Aber Senat und Bürgerschaft verloren zusehends an Bedeutung; bald hatte der Senat nur noch ausführende Funktion. Herrscher der Stadt war der Gauleiter und »Reichsstatthalter« Karl Kaufmann, ein Rheinländer. In seinen Händen lag die Führung der Landesregierung und zugleich die Leitung der Verwaltung. Schritt um Schritt verlor Hamburg seine Eigenständigkeit. Wie überall wurden Behörden und Gerichte, Verbände und Medien gleichgeschaltet, jüdische Firmen und Banken enteignet, Widerstandskreise zerschlagen und politische Gegner verfolgt. In Fuhlsbüttel wurde das erste Konzentrationslager eingerichtet. Später kam das KZ Neuengamme mit seinen mehr als 80 Außenlagern hinzu. Über 100.000 Menschen aus allen Ländern Europas haben dort schwer gelitten. An die 50.000 von ihnen starben – verhungert, zu Tode gequält, in den Selbstmord getrieben oder gehenkt, während draußen Aufmärsche, Paraden, Großkundgebungen und »Reichstagungen« viel Zulauf fanden.

Aber dann kam die Mobilisierung, kamen endlose Luftschutzübungen und Altmaterialsammlungen, kam der Krieg und mit ihm Tod und Zerstörung in den Bombennächten.

Eingang des Rathauses, 3. Mai 1945, 18.25 Uhr: Generalmajor Wolz salutiert und übergibt dem britischen Brigadegeneral Douglas Spurling die Stadt Hamburg

Gauleiter Karl Kaufmann hatte als Reichsverteidigungskommissar immerhin die Einsicht – und den Mut –, im Frühjahr 1945 den Führerbefehl zu ignorieren, dass nicht ein Fußbreit deutschen Bodens den Alliierten kampflos überlassen werden dürfe. Er entschloss sich, nachdem er im Februar noch zum Durchhalten aufgerufen hatte, kurz nach Hitlers Tod im Alleingang zur Kapitulation – »in klarer Erkenntnis der Verhältnisse und im Bewusstsein meiner Verantwortung, unser Hamburg, seine Frauen und Kinder vor sinn- und verantwortungsloser Vernichtung zu bewahren«, wie er in seinem letzten Aufruf an die Hamburger Bevölkerung formulierte. Damit war weder wettgemacht noch aus dem Gedächtnis gelöscht, was Kaufmann in den zwölf Jahren zuvor an Unheil und Unmenschlichkeit mit zu verantworten hatte. Aber wenigstens hat sein Verhalten bei Kriegsende Hamburg mörderische Straßenkämpfe erspart.

Von Kaufmann gedeckt, führte Generalmajor Alwin Wolz, der Kampfkommandant der Stadt, mit den britischen Stäben Verhandlungen über die kampflose Übergabe. Am 3. Mai rückten die alliierten Panzer über die – befehlswidrig nicht gesprengten – Elbbrücken in die Hansestadt ein. Am Rathausportal empfing Wolz den englischen General Spurling. Im Bürgermeistersaal übergab Kaufmann ihm die Stadt und ihre Bevölkerung.

Von der Schiffsherrlichkeit der Nazizeit blieb nicht viel übrig. Die »Bismarck« war schon im Mai 1941 im Atlantik, 400 Seemeilen westlich von Brest, von den britischen Schlachtschiffen »Rodney« und »King George V.« versenkt worden; nur 115 von den 2221 Mann Besatzung konnten sich retten. Die »Wilhelm Gustloff« wurde von dem sowjetischen Unterseeboot »S 13« Ende Januar 1945 nach dem Auslaufen aus Gotenhafen (Gdingen) in den Grund der eisigen Ostsee gebohrt; dabei starben 9000 Menschen, meist Verwundete und Frauen oder Kinder, Flüchtlinge aus dem Osten. Auch die »Robert Ley« erlebte den Frieden nicht mehr. Sie lag im Hamburger Hafen, wurde dort am 9. März 1945 von britischen Bombern zerstört und 1947 in England verschrottet. Die 1935 in »Hansa« umbenannte »Albert Ballin« lief bei Kriegsende in der Ostsee auf eine Mine und sank; die Sowjets hoben das Wrack und stellten es unter dem Namen »Sowjetskij Sojus« als Truppentransporter wieder in Dienst.

Hamburgs Ehrenbürger Adolf Hitler erschoss sich am 30. April 1945 im Führerbunker der Berliner Reichskanzlei. Hermann Göring, im Nürnberger Hauptkriegsverbrecherprozess zum Tode verurteilt, entzog sich Anfang Oktober 1946 der Hinrichtung, indem er Gift nahm. Beiden wurden im Juni 1945 die Ehrenbürgerrechte der Hansestadt wieder aberkannt.

Die übrige Liste der bis 2001 insgesamt 31 Ehrenbürger nimmt sich ziemlich kunterbunt aus. Der zweite nach dem Baron Tettenborn, dem Befreier Hamburgs von den Franzosen, war 1816 der Generalfeldmarschall Blücher, der beim Bürgermeister zu erkennen gegeben hatte, »dass es sehr lieb sein werde, mit dem Bürgerrecht beschenkt zu werden«. Es folgten ein preußischer Diplomat und zwei hanseatische Konsuln, die sich um Handelsverträge mit Lateinamerika verdient gemacht hatten. Der Bremer Bürgermeister Johann Smidt, der Magdeburger Oberpräsident der Provinz Sachsen, Eduard Heinrich von Flottwell, und der Altonaer und schleswig-holsteinische Oberpräsident Conrad Daniel Graf von Blücher-Altona erhielten die Ehrenbürgerwürde als Anerkennung für die Hilfe nach dem Hamburger Brand von 1842. Ehrenbürger Nummer zehn und elf wurden 1871 Bismarck und Moltke (beide für »Verdienste um das zur Einheit wiedergeborene Deutsche Vaterland«). Für Abwechslung sorgten dann 1886 der Kunstmäzen Gustav Christian Schwabe und 1889 Johannes Brahms (»hat durch hervorragende Werke seiner Vaterstadt Ehre und Ruhm bereitet«). Dann waren wieder zwei Militärs an der Reihe: 1901 der »Weltmarschall« Graf Waldersee, der in China den Boxeraufstand blutig niedergeschlagen hatte; und 1917, mitten im Ersten Weltkrieg, der Sieger von Tannenberg, Generalfeldmarschall Paul von Hindenburg.

Nach dem Zweiten Weltkrieg wurde die Ehrenbürgerwürde sechsmal hintereinander an sozialdemokratische Politiker vergeben. Es waren dies Henry Everling, der Senior der deutschen Konsumgenossenschaftsbewegung, Bürgerschaftspräsident Adolph Schönfelder, die Bürgermeister Max Brauer und Herbert Weichmann, Bürgerschaftspräsident Herbert Dau und Altbundeskanzler Helmut Schmidt. Danach kamen auch verdiente Bürger aus anderen Lebenskreisen und anderen politischen Biotopen zum Zuge: 1985 die Schauspielerin Ida Ehre, 1986 der »ZEIT«-Verleger (und zeitweilige CDU-Bundestagsabgeordnete) Gerd Bucerius im Gespann mit dem SPD-Zuchtmeister Herbert Wehner, 1991 die Unternehmer und Stifter Kurt A. Körber und Alfred C. Toepfer. Danach ehrte sich die Stadt, indem sie drei prominente Gestalten aus der Welt des publizistischen und literarischen Intellekts zu Ehrenbürgern machte: den »Spiegel«-Gründer Rudolf Augstein (»herausragende Verdienste um Hamburg als Medien-

Viel Prominenz auf losen Blättern: Wen der Erste Bürgermeister dazu einlädt, der darf sich im Rathaus in das seit 1897 geführte Goldene Buch der Stadt Hamburg eintragen

metropole«), die »ZEIT«-Publizistin Marion Gräfin Dönhoff (»außerordentliche Verdienste um Freiheit, Gerechtigkeit und Menschenrechte«) und den Schriftsteller Siegfried Lenz (Beitrag »zur Erneuerung und Anerkennung Deutschlands im Geiste des Humanismus«). Zuletzt erhielt Ende 2003 das Hamburger Fußball-Idol Uwe Seeler die Ehrenbürgerwürde (»verkörpert die besten und wichtigen Werte im Sport«).

Kunterbunt lesen sich auch die Eintragungen in das Goldene Buch der Freien und Hansestadt Hamburg. In schlauer

Voraussicht allerdings hatte das städtische Protokoll das Goldene Buch als eine Art Lose-Blatt-Sammlung angelegt. So ließen sich die Blätter mit Hitlers und Görings Unterschriften leicht herausnehmen. Nur Joseph Goebbels, Hitlers Propagandaminister, bereitete Schwierigkeiten: Er setzte seinen Namenszug auf den Karton, den der Reichspräsident Paul von Hindenburg beschrieben hatte. Heute deckt ein breites Passepartout die peinliche Eintragung zu.

Die Lava der Aufsässigkeit

Ein gewisses Talent zur Anpassung oder zum Sich-Anbequemen kann man den Hamburgern nicht absprechen. Doch sind sie alles andere als obrigkeitsfromm. Unter der täuschenden Decke der Bedächtigkeit brodelt die Lava aufsässiger Gemüter. Kaum ein Jahrhundert, in dem es nicht Aufstand und Aufruhr gegeben hätte. Im Mittelalter stiegen immer wieder die Handwerker auf die Barrikaden, besonders die notorisch ruppigen Brauerknechte. Ende des 17. Jahrhunderts stachelten Hieronymus Snitger oder Cord Jastram die bürgerliche Opposition gegen den Rat auf, Reeder der eine, Kaufmann der andere. »Des Rates Übermut« wollten sie dämpfen, doch am Ende wurden sie des Hochverrats angeklagt und im Oktober 1686 hingerichtet. Auch die orthodox-lutheranische Geistlichkeit verleumdete sie als Verräter und Schänder der Obrigkeit.

Überhaupt bremste die Engstirnigkeit des »Geistlichen Ministeriums« manchen Fortschritt, besonders auf dem Felde der Kultur. So wandten sich Pastoren wie Anton Reiser – im 17. Jahrhundert Hauptpastor an St. Jacobi – vehement gegen alle Bestrebungen, in Hamburg Theater und Oper heimisch zu machen; unablässig wetterte er gegen »Theatromania oder die Werke der Finsternis in den öffentlichen Schauspielen«. Dies erregte die oppositionellen Bürger erst recht. Cord Jastrams Hinrichtung hatte indes keine kalmierende Wirkung. Richtig ruhig wurde es in Hamburg auch nach dem Hauptrezess nicht. Reisers späterer Kollege Johann Melchior Goeze, Hauptpastor an St. Katharinen, der den alten Kampf energisch fortsetzte, bezweifelte ebenfalls die Sittlichkeit der Schaubühne und verurteilte den Theaterbesuch; er wurde zum erbitterten Gegenspieler Lessings. Dessen »Nathan der Weise«, ein Bekenntnis zu Menschlichkeit, Nächstenliebe und Toleranz, konnte in Hamburg erst 1802 auf die Bühne gebracht werden, fast ein Vierteljahrhundert nach der Berliner Uraufführung. Aber die Moderne klopfte mit Macht an das verschlossene Tor der Hansestadt. Wälle, Gräben, Mauern und Schanzen halfen dagegen nicht mehr lange.

Es kann nicht verwundern, dass es in der ersten Hälfte des 19. Jahrhunderts immer wieder zu Unruhen, ja Aufruhr kam. Zum Teil waren die Tumulte ein verspätetes Aufbegehren aufklärerischer Gesinnung gegen die politisch dumpfe Welt des Biedermeier; zum Teil lagen ihnen soziale Ursachen zugrunde, im »Kartoffelkrieg« etwa vom Juni 1847, als eine aufgebrachte Menge wegen der Verdreifachung der Kartoffelpreise auf dem Schaarmarkt schwere Unruhen auslöste.

In der zweiten Hälfte des Jahrhunderts fand die sozialistische Arbeiterbewegung rasch Zulauf und Zuspruch. Ihr Widerstand gegen staatliche Bevormundung und Verfolgung war auch durch das Sozialistengesetz von 1878 nicht zu brechen. Der Drechslermeister August Bebel, der Hamburg 1883–93 und erneut 1898–1913 als sozialdemokratischer Abgeordneter im Reichstag vertrat, saß während der Zeit der Unterdrückung fast fünf Jahre im Gefängnis, ehe er an die Spitze der deutschen Sozialdemokratie rückte. Nach dem Ende der Repression etablierte sich die Generalkommission der Gewerkschaften Deutschlands in Hamburg, und dort kam es auch 1896/97 zum ersten großen Streik im Reich: dem der Hamburger Hafenarbeiter. Politische Unruhen und sozialer Protest führten 1919 zur Ausrufung des Belagerungszustandes (Begründung: »Die Hoffnung der Kommandantur Gross-Hamburg, ohne Verhängung des Belagerungszustandes auskommen zu können, ist durch die schamlose Unverfrorenheit organisierter Verbrecherhorden zuschanden gemacht worden«). Während der »Sülze-Unruhen« im Juni 1919, ausgelöst durch einen Lebensmittelskandal in der Barmbeker Fleischkonservenfabrik Heil & Co., kam es zu bewaffnetem Kampf um das Rathaus. Der Ostafrika-Held General von Lettow-Vorbeck rückte mit 10.000 Mann Reichswehr, einem Panzerzug und einer Torpedobootsflottille in die Stadt ein, obwohl die Unruhen schon vier Tage lang beendet waren, und räumte mit harter Hand auf; Bahrenfelder Zeitfreiwillige unterstützten ihn dabei. Beim Hamburger Aufstand des Jahres 1923, ausgerufen von der Führung der KPD, ging es erneut chaotisch und blutig her. Im »Deutschen Oktober«, wie die Kommunisten den Aufstand verklärten, sangen die Barrikadenbauer eine Verballhornung des populären Tüdelband-Liedes: »An de Eck s-teiht 'n Jung mit 'n grote Bomb, in de anner Hand 'n Eierhandgranat.«

Auch im Dritten Reich erstarben die Aufsässigkeit, der Freimut und der Oppositionswille der Hamburger nicht. Die vier Dutzend Mitglieder der Gruppe »Weiße Rose Hamburg« um die Studenten Hans Leipelt und Heinz Kucharski, die mit den Geschwistern Scholl Verbindung hielten, galten als »Intellektuelle mit staatsverneinender Einstellung«; sieben wurden im Gestapo-Gefängnis Fuhlsbüttel hingerichtet, Leipelt starb im Januar 1945 in München-Stadelheim unter demselben Fallbeil wie Sophie und Hans Scholl. Die »Swing-Jugend« protestierte durch plakativ englisches Auftreten in Kleidung und Gehabe, vor allem durch ihre offen zur Schau gestellte Begeisterung für den vom NS-Regime als »artfremde Negermusik« geächteten Jazz. Auch die kommunistische Bästlein-Jacob-Abshagen-Gruppe agitierte gegen die nationalsozialistische Herrschaft; die meisten Mitglieder bezahlten ihren Widerstand mit dem Tod.

Mit der Hamburger »Weißen Rose« hielt übrigens der Buchhändler Felix Jud enge Fühlung. »Jud bleibt Jud« betitelte die »ZEIT« reichlich keck einen Jubiläumsartikel über ihn. Eric Warburg aber erzählte gern die Geschichte, wie er nach dem Kriege immer wieder in die Buchhandlung Jud kam und den Inhaber jedes Mal verwirrt mit den Worten begrüßte: »Guten Tag, Herr Süß.« Veit Harlans Nazifilm »Jud Süß« hatte selbst bei ihm, dem nach Amerika emigrierten Bankier, seine Spuren hinterlassen.

In der Nachkriegszeit sind Widerborstigkeit und Aufmüpfigkeit in Hamburg keineswegs ausgestorben. Nach 1968 fanden sie in vielerlei Demonstrationen ein publikumswirksames Ventil – gegen den »Muff von tausend Jahren unter den Talaren«, gegen die Springer-Presse, für den vietnamesischen Diktator Ho Chi Minh, zugunsten der Sandinisten in Nicaragua. Als Farce rollte in den Hafenstraßen-Tumulten der ausgehenden Achtzigerjahre und den Bambule-Demos des Jahres 2002 ein spätes, ins Retrograde verzerrtes Echo der ursprünglich aus freiheitlichen Impulsen gespeisten Widerborstigkeit durch die Stadt.

Zampel und andere Büdel

»Was und wie ist ein Hamburger?«, fragte die »Welt«-Autorin Edith Oppens vor drei Jahrzehnten. Ihre Antwort: »Das weiß man ganz genau – jedenfalls außerhalb von Hamburg. Er ist rechtschaffen, intelligent, vernünftig, zuverlässig, treu und vornehm. Aber er ist auch stur, geizig, amusisch, seelisch unterkühlt, hochmütig, derbe. Mit einem Bein steht er im Hafen und mit dem anderen in der Börse.« Phlegma wird dem Elbstädter nachgesagt, wenig Reizbarkeit und Lebhaftigkeit: »Er ist mehr arbeitsam als tätig, ausdauernd, aber nicht erfinderisch – kurz, er hat alle Eigenheiten, die den Bewohner eines kalten, nebligen Landes auszeichnen.«

Stimmt's? Es lässt sich auch milder urteilen. Es gibt »den« Hamburger, »die« Hamburgerin. Sie sind selbstbewusst, aber nicht arrogant. Sie sind zuverlässig, aufrichtig, pflichtbewusst, manchmal dickköpfig. Sie neigen zum Understatement. Oft werden sie für zugeknöpft oder unterkühlt gehalten und gelten als »kalte Fischköpfe«, doch lässt sich ihnen Warmherzigkeit nicht absprechen. Wie Kachelöfen werden sie nur langsam warm, geben dann aber lange Zeit Wärme ab. Aufs dauernde Händeschütteln geben sie nicht viel; wenn sie jemandem die Hand reichen, dann lieber für immer. Das »Hamburger Du« – Anrede per Sie, aber beim Vornamen – gestattet Distanz in der Nähe und Nähe in der Distanz. Die Hamburger hassen Aufdringlichkeit und schätzen Zurückhaltung. Und sie sind wortkarg: Man sabbelt sich nicht lange ab, denn »dumm Tüch« will niemand hören. Sie sind lebensklug wie Klein-Erna. Von den unzähligen Witzen über diese Hamburger Figur – eine Kunstfigur wie der Wiener Graf Poldi – hier nur eine Kostprobe:

Klein-Erna is mit Mamma in Taaliatiater. Inne Pause gehn sie in Gang spazian un sehn da mittenma 'n Foto vonne Schauspielerin, die sie ehm gesehn ham. Da sacht Mamma:

»Ne Schönheit issi scha grade nich!« Worauf Klein-Erna erwidert: »Tscha, aber bei'n Spieln holt sie auf!«

Die Hamburger können derb sein wie die Koberer auf dem Kiez oder der legendäre Wasserträger Johann Wilhelm Bentz. Den Neustädter Jungs, die ihn mit dem Ruf »Hummel, Hummel!« neckten, knurrte er grantig sein »Mors, Mors!« zu, was sich am besten mit dem Götz-von-Berlichingen-Zitat übersetzen lässt. »Hummel, Hummel – Mors, Mors« ist rund um den Erdball zum Hamburger Schlachtruf und Kennwort geworden und lebt seit 1952 im »HH« auf den Nummernschildern der hansestadt-hamburgischen Kraftfahrzeuge wieder fort (zuvor galt das »BH« der britischen Besatzungsmacht). Amtlich allerdings stehen die beiden Buchstaben »HH« für Hansestadt Hamburg.

Die Hamburgerinnen und Hamburger sind pragmatisch. Geschäftseifer und Arbeitssolidarität sind ihre Merkmale. »Erst werken, dann praten« ist ihr Motto. Sie hängen am Alten, verweigern sich am Ende aber nicht dem Neuen. Mitunter braucht es freilich viel Zeit, bis sie »überkommen«, um es hanseatisch auszudrücken. Sie lieben den Mythos Hamburg, auch wo sie ihn nicht leben. Die Aura der kühnen Handelsherren von ehedem genießt selbst der kleine Mann; den damit verbundenen Gestank nach Häuten und Fellen und Guano nimmt er gleichmütig in Kauf. Auf Understatement wird Wert gelegt. »Wie geht's?« – die Frage ist dezent zu beantworten, selbst wenn die eigene Befindlichkeit nur mittelprächtig sein sollte. Es empfiehlt sich ein schlichtes

»S'geetzo« oder ein vieldeutiges »Muscha« – es geht so, und es muss ja auch.

Die ganz oben s-toßen an, die ganz unten auch: ganz oben die eingesessenen Bankiers, auch Helmut Schmidt, wenn er mit Lotsenmütze vor einer Fernsehkamera steht; ganz unten die Schauerleute, die Barkassenkapitäne und die Kranführer im Containerhafen, die Joachim Ringelnatz in seinem »Kuddeldaddeldu« besungen hat (»Kuddel« heißt Kurt; »daddeldu« ist die Verballhornung des englischen *»that will do«* – auf Deutsch: »Das wär's!«). Aber auch jene dazwischen, die nicht über einen s-pitzen S-tein s-tolpern, würzen ihre Sprache mit Zutaten aus dem *Missingsch* genannten Hamburger Idiom, einer Melange aus Platt und Hochdeutsch.

Sie singen »An de Eck s-teiht 'n Jung mit 'n Tüdelband«, in der andern Hand ein »Bodderbrood mit Kees«. Kaum einer weiß noch, dass dies ein Gassenhauer der Rummelplatzsänger Ludwig und Leopold Isaac ist, entstanden ein paar Jahre vor dem Ersten Weltkrieg. Die beiden jüdischen Schlachtersöhne aus der Neustadt nahmen unter ihrem Künstlernamen Gebrüder Wolf über 60 Schallplatten auf, spielten in Stummfilmen und wurden als Rummelplatzoriginale, Theaterleiter und zeitweise Besitzer des Operettenhauses stadtbekannte Kiezhonoratioren: eine Art deutsche Marx Brothers. Ihre Schlager »Snuten und Poten« oder »Mariechen, das süße Viehchen« summte das Volk auf den Straßen ebenso wie die Couplets »Mein Schnutchen ist ein Wonnekloß« und das traurige Lied von der Pellkartoffel, die einen

Hering liebt. In der Nazizeit wurde den beiden Brüdern erst das Singen ihrer Lieder verboten (mit dem paradoxen Argument, diese seien »deutsches Volksgut«, zu hamburgisch für ein jüdisches Gesangsduo). Dann waren Deportation und Ermordung, Flucht und Exil das Schicksal der Familie. Nur Ludwig überlebte in Deutschland – dem Gedächtnis der Menschen entschwunden allerdings, bis im Jahre 2002 der Künstler und Filmemacher Jens Huckeriede die Wolfs der Vergessenheit entriss. Der Film »Return of the Tüdelband« lief in den Programmkinos; im Rathaus erinnerte eine Ausstellung an die St. Pauli-Größen und ihre Gassenhauer. »Klaun, klaun, Äppel wolln wir klaun, ruckzuck übern Zaun« – der Tüdelband-Refrain erklingt noch heute, wo immer Hamburger außer Rand und Band geraten und der Ausgelassenheit frönen.

Das Tüdelband ist übrigens keine »vertüdelte« Schnur – es ist jener Reifen, den die Kinder mit Stockschlägen oder auch mit Schlägen der flachen Hand über das Kopfsteinpflaster zu trudeln pflegten. Und »Tüdeln« ist ein höchst hamburgisches Wort. Als »Tüdelkram« bezeichnen sie Unsinn, mit »Tüdelüt!« schneiden sie in der Unterhaltung dummes Geschwätz ab. Wenn jemand durcheinander ist, nennen sie ihn liebevoll »tüdelig«. Die Kinder ermahnen sie: »Tüdel nich rum!«, wo der Sachse drängt: »Mähr dich aus!« Tüdelei: das Wort schillert in seiner wechselnden Bedeutung zwischen Spinnerei, Schwindelei, Trödelei und Träumerei.

Sie sagen »Hühn und Pedühn«, wenn sie »Hinz und Kunz« oder »Krethi und Plethi« meinen. Sie rufen »fofftein«, wenn

Das Foto des Hamburger Fotografen Johann Hamann von 1904 zeigt zwei Jungen mit Tüdelbändern

ein paar Minuten Pause (nämlich »fünfzehn«) angesagt sind. Sie nehmen den Kehricht mit einer »Eule« vom Fußboden auf, wischen und schrubben die Küche mit »Feudel« und »Leuwagen«. Sie fühlen sich »krall und kregel«, wenn sie kerngesund sind, »bregenklöterig«, wenn der Groschen nicht so schnell fallen will, und »melanklüterig«, wenn die Tristesse des Daseins sie übermannt. Sind sie schlaff, werden sie ermahnt, »in die Puschen zu kommen«. »Sei nicht krüsch!«, sagen sie, wenn sie meinen: Stell dich nicht an! Sobald sie sich mit einer »viegelienschen«, einer schwierigen Sache plagen und damit nicht fertig werden, einer Violine – auf Platt:

Viegelin – etwa, die nur kratzt und quietscht, werden sie »fühnsch«. Auch können sie es nicht »verknusen«, wenn ihnen einer »dwarsch« kommt, in die Quere also, und dabei auch noch »bräsig« wird. Da werden sie ganz »obstinatsch« (widerborstig) oder »fuchtig« (zornig) und kriegen den Übeltäter »bi de Büx«. Sie mögen auch keine »Quarkbüdel«, Meckerer; keine »Tranbüdel«, Langweiler; keine »Murksbüdel«, Taugenichtse mit zwei linken Händen; keine »Dröhnbüdel«, umständliche Redner; keine »Püttjerbüdel«, die mit der Arbeit nie fertig werden. Bei ihnen gilt: »Nich lang schnacken, gliek anpacken.« (Am Tresen, wo die Hamburger gern einen – oder mehrere – »Lütt un Lütt« kippen, wird dieser Spruch leicht abgewandelt: »Nich lang schnacken, Kopp in'n Nacken!«) »Schietbüdel« allerdings oder »Schieter« ist das, was die Engländer ein *term of endearment* nennen – fast eine innige Liebeserklärung: »Mein kleines Scheißerchen ...«

Der »Zampelbüdel« hat mit all diesen Büdeln nichts zu tun. Er ist der Beutel, in dem die Hafenarbeiter ihr Werkzeug und ihre Mahlzeit bei sich tragen. Aber mit dem »Musterstecher« holten sie sich gern aus den Kaffeesäcken einige »samples«, daher wohl der Ausdruck Zampelbüdel. Von den geschmuggelten Bohnen lebten die Kleinröstereien in St. Pauli. Hierzu gibt es ein uraltes Döntje: Am Freihafenzoll weckt ein Zampel das Interesse des Beamten. »Was ist da drin?« – »K'nickenfutter!« (Karnickelfutter) – »Bitte mal öffnen!« Der Zöllner staunt: »Das ist ja Kaffee!« – Entgegnet der Hafenarbeiter: »Wenn se dat nich freet, kricht se gornix!«

Hamburger, das sind nicht nur die alten Kaufmannsdynastien, die Reeder, die Bankiers, die Notare und Makler. Dazu gehören Medien-Mogule wie Axel Springer, Gerd Bucerius, Rudolf Augstein, John Jahr, Heinrich Bauer. Es gehören Politiker dazu wie August Bebel und Otto Stolten und Max Brauer, Kurt Sieveking und Erik Blumenfeld, Herbert Wehner und Helmut Schmidt. Aber dazu zählen auch Heidi Kabel und Inge Meysel, Wasserträger Bentz, alle »Klein-Ernas« und »Klein-Fritzchens« dieser Stadt, die Zitronenjette, die muskulösen Türsteher vor den Reeperbahn-Lokalen, die Hafenarbeiter und Schiffsausrüster, die Flugzeugingenieure und die Gabelstapler-Bauer.

Es gibt noch die hanseatische Tradition im allerbesten Sinne: »höchste ökonomische Kompetenz gepaart mit ideologiefreier sozialer und kultureller Verantwortlichkeit, Opferbereitschaft, Gemeinsinn und aufklärerischer Furor bei persönlicher Bescheidenheit« (Matthias Wegner). Aber sie ist in solcher Ballung der Tugenden und Talente seltener geworden in der Stadt, und anderswo ja durchaus auch zu finden. Doch in mancher Hinsicht schafft der Mythos vom Hanseatentum noch immer seine eigene Wirklichkeit und stiftet in unserer globalisierten Welt eine beruhigende Nahbereichs-Identität.

Ab und an: Hamburg ganz vorn

Im Spannungsbogen zwischen Bewahren und Verändern sind den Hamburgern durch die Jahrhunderte immer wieder bahnbrechende Neuerungen gelungen, die ihnen kein Mensch zugetraut hätte – jedenfalls keiner südlich von Harburg und nördlich von Ochsenzoll, wo man in ihnen sowieso bloß »sture Fischköppe« sehen will. Doch liest sich das Hamburger Guinness-Buch der Rekorde sehr eindrucksvoll, das der Großhändler und Mäzen Hermann Schnabel 1999 voller Lokalstolz zusammengestellt hat. Eine lange Liste von »Firsts« belegt darüber hinaus die Einfallskraft und Innovationsfreude der Hansestädter. Sehr oft sind sie Wegbereiter und Vorreiter gewesen.

Dies war 1558 der Fall, als sie für den Abschluss der Geschäfte und die täglichen Zusammenkünfte der Kaufleute die erste Börse hierzulande errichteten, die vierte in Europa nach Antwerpen (1531), Toulouse (1549) und Rouen (1556).

Die Organisten der vier Hauptkirchen verhalfen dann mit ihrem »Hamburger Melodeyengesangbuch« von 1604 dem heute üblichen Kirchengesang – mehrstimmig mit Orgelbegleitung – zum Durchbruch; bis dato herrschte der einstimmige Gesang vor.

In der Satzung der Hamburger Bank ist 1619 zum ersten Mal in Deutschland das Bankgeheimnis verankert worden.

Die Commerzdeputation, gegründet 1665, war Deutschlands erste Handelskammer.

In Hamburg wurde 1678 eine Oper von Bürgern für Bürger gegründet, die erste in Deutschland, die nicht von fürstlichen Gnaden entstand.

Deutschlands erstes Benimm-Buch verfasste der Hamburger Schulmeister Christoph Achatius Hager. Darin standen eindringliche Ermahnungen wie »Schmatz nicht wie eine Sau über dem Essen« oder »Dieweil du issest, kratz dein Häupt nicht« und »Fege auch nicht die Butzen aus der Nase«.

Ebenfalls in Hamburg erschien das erste volkswirtschaftliche Lehrbuch Deutschlands: Johann Georg Büschs »Kleine Schriften von der Handlung und anderem gemeinnützigem Inhalte«, 1772 in Leipzig veröffentlicht. Büsch war Mitbegründer und Leiter der Hamburger »Handlungsakademie«. Man könnte sie die erste Business School der Neuzeit nennen.

Der Mond wurde in Hamburg erfunden – so jedenfalls schrieb Puschkin in Anspielung auf Matthias Claudius und seine Zeile »Der Mond ist aufgegangen« (auch wenn niemand je wissen wird, wo und wann sie dem Wandsbeker für seinen Choral eingefallen ist, der später zu dem so berühmten wie wunderschönen »Abendlied« wurde).

Das Freiheitsfest vom 14. Juli 1790, ein Jahr nach dem Sturm auf die Bastille, war das erste große politische Bürgerfest der deutschen Geschichte. Kaufmannsfamilien, Dichter, Beamte ließen die Revolution hochleben und feierten Freiheit, Gleichheit und Brüderlichkeit.

Farbige Darstellung des schwimmenden »Badehauses« auf der Alster

Als Erste in Deutschland schufen sich die Hamburger 1793 eine Flussbadeanstalt; auf einem Floß in der Alster waren 12 Holzverschläge gezimmert, von denen aus man ins Wasser steigen konnte.

Das Krankenhaus St. Georg, eröffnet 1823, besaß als erstes in Deutschland Wasserleitungen und Wasserspülung.

Der Hamburger Ruder Club, gegründet 1836, war der erste auf dem europäischen Festland, der zweite in der Welt nach dem englischen Leander Boat Club. Heute gibt es 22 Ruderklubs mit rund 5000 Sportlern.

Gabriel Riesser, der Hamburg schon in der Frankfurter Nationalversammlung glanzvoll vertreten hatte, wurde 1860 der erste jüdische Richter in Deutschland.

Der »Sprützenmeister« Moltrecht von der Hamburger Feuerwehr konstruierte 1863/64 die erste Dampfspritze des Kontinents.

Im Jahre 1877 wurde in Ohlsdorf auf einem 133 Hektar großen Gelände der neue Hauptfriedhof eröffnet – vom Staat, nicht mehr von den Kirchengemeinden. Wilhelm Cordes gestaltete ihn nach dem Vorbild englischer Landschaftsgärten. Mehrere Erweiterungen – auf heute 404 Hektar, ein Areal von 3,5 Kilometern Länge und durchschnittlich 1,3 Kilometern Breite – machten ihn zum größten Parkfriedhof Europas (und sollen den Bauern im damals noch preußischen Bramfeld so viel eingetragen haben, dass sie sechsspännig durchs Dorf fuhren, um ihren neuen Reichtum zur Schau zu stellen). In den vergangenen 125 Jahren sind dort in rund 300.000 Grabstellen 1,4 Millionen Tote beigesetzt worden. Noch heute ist der Ohlsdorfer Friedhof zugleich Gottesacker und Parkanlage.

In der Hansestadt – im Dovenhof an der Brandstwiete – lief 1886 der erste Paternoster des Kontinents, jener immer in Bewegung befindliche Endlosaufzug, der wegen seiner Häufigkeit in Verwaltungsgebäuden gern als »Beamtenbagger« verspottet wurde. Mittlerweile ist er fast gänzlich außer Mode gekommen.

Im Marienkrankenhaus wurde 1889 die erste erfolgreiche Blinddarmoperation auf dem europäischen Festland durchgeführt.

Hamburger Zigarrenarbeiter und Buchdrucker bildeten die ersten Gewerkschaften. Die Schauerleute, Schiffs- und

Kesselreiniger erhielten als erste gewerkschaftlich organisierte Arbeiter Tarifverträge.

Hagenbecks Tierpark wurde 1907 im damals noch preußischen Stellingen festlich eingeweiht – der erste gitterlose Tierpark der Welt, anerkannt durch kaiserliches Patent. Sein erster Direktor war Alfred Edmund Brehm, der Verfasser von »Brehms Tierleben«, das noch vor wenigen Jahrzehnten ein von jedem gelesener Bestseller war.

Der 426,5 Meter lange Alte Elbtunnel war die erste Flussunterquerung auf dem europäischen Kontinent. Geplant seit 1872, doch erst 1907 begonnen, wurde er am 7. September 1911 von Kaiser Wilhelm II. und dem Grafen Zeppelin eingeweiht und funktioniert bis heute. Nur zweimal blieb der Tunnel geschlossen: nach einem Bombenangriff 1944 und während der Elbvertiefung 1982/83.

1912 standen die weltweit ersten Taxirufsäulen in Hamburg.

Der erste regelmäßige Linienflug der Lufthansa verband 1922 Hamburg mit Berlin (80 Jahre später wurden die Direktflüge abgeschafft).

Ein Hamburger richtete am 11. August 1927 in der Hudtwalckerstraße die erste Zapfsäulen-Tankstelle auf deutschem Boden ein. Bis dahin hatten sich die Autofahrer ihr Benzin beim Apotheker holen oder sich aus Fässern, Kanistern und »Bürgersteigpumpen« bedienen müssen, deren Vorratsbehälter unter den Gehwegplatten lagen. Neu war auch das Angebot von Pflegediensten wie Ölwechsel, Scheibenwaschen und Luftdruckprüfen – gegen Trinkgeld, versteht sich.

Die Grindelhochhäuser, 1946–56 zunächst für die britische Besatzungsmacht gebaut, bildeten die erste Hochhaussiedlung Deutschlands.

Die erste Fernsehsendung Westdeutschlands wurde am 25. Dezember 1952 aus dem Hochbunker auf dem Heiligengeistfeld ausgestrahlt (das DDR-Fernsehen war schon vier Tage vorher in Adlershof auf Sendung gegangen).

Es fehlt den Hamburgern also nicht an Einfallskraft. Wohl aber fehlt es ihnen zuweilen an Durchsetzungskraft. Wie heißt es doch auf Platt so schön? »Don is ’n Ding – man snacken kann wi all.«

Erst langsam, dann mit ’n Ruck

Wenn sich eines über das Wesen der Hamburger mit Bestimmtheit sagen lässt, so dies: Bei ihnen braucht alles seine Zeit – oft eine zum Verzweifeln lange Zeit. Die Spannung zwischen dem Drang zur Beharrung und dem Zwang zum Fortschritt ist immer groß gewesen. Die Hamburger lieben keine grundstürzenden Experimente, sondern ziehen Reformen mit Augenmaß vor. Und es gilt: Eile mit Weile.

Jahrzehnte hat es gedauert, bis die erste Verfassung zustande kam, der Rezess von 1710. Zwei Abgesandte des Kaisers verschlissen sich fast an der Aufgabe, den Hamburgern einen Kompromiss abzuluchsen. Die Verfassungsdiskussion nach den Freiheitskriegen zog sich ebenso quälend lange hin.

Es brauchte erst die Revolution von 1848 und die Wirtschafts- und Staatskrise von 1859, ehe Hamburg sich eine Verfassung zulegte, die – obwohl nur beschränkt demokratisch im modernen Verständnis – doch wenigstens auf der Höhe der Zeit war.

Lähmende Bedenklichkeit verzögerte in den 1830ern den Bau einer Eisenbahnlinie nach Lübeck und Magdeburg um mehrere Jahre. Friedrich List – dessen Deutschem Zollverein die freihändlerischen Hanseaten die kalte Schulter gezeigt hatten – fragte ungeduldig: »Wird man in den Hansestädten einsehen, dass bei längerer Verzögerung der Zwischenhandel mit dem westlichen und südlichen Deutschland sich nach den französischen und belgischen Seehäfen ziehen wird?« Man fing lieber klein an: mit einer »Duodezbahn« in das gemeinsam mit Lübeck verwaltete Bergedorf. Erst 1846 konnte die 285 Kilometer lange Strecke nach Berlin eröffnet werden.

Endlos wurde bereits Mitte des 19. Jahrhunderts über die Hafenerweiterung und die damals schon notwendige Elbvertiefung gestritten (damals ging es um sechs, heute um 14,5 Meter Tiefe der Fahrrinne).

30 Jahre brauchte es von der ersten Anregung, eine Universität zu gründen, bis zu deren Einweihung nach dem Ersten Weltkrieg. Dabei ging die Idee, eine *Alma mater hamburgensis* zu errichten, schon auf das Jahr 1828 zurück.

Die mittlerweile sprichwörtlich gewordene Toleranz der Hamburger hat auch nur mühsam und langsam Wurzeln schlagen können. Im Stadtrecht von 1603 wurde die reine lutherische Lehre für Hamburg verbindlich gemacht. Das Geistliche Ministerium wachte in der Folgezeit streng darüber, dass Andersgläubige zwar in der Stadt leben, aber ihre Religion nur im Privatbereich ausüben durften. Bis volle Toleranz Einzug hielt, leisteten sich die Hamburger unendliche theologische Lehrstreitigkeiten und mancherlei Ungerechtigkeiten gegenüber Abweichlern und Dissidenten. Bis 1914 kam kein Jude und kein Katholik in den Senat.

Schon die Schulordnung von 1529 bestimmte zwar, dass Kinder vom siebten bis zum zwölften Lebensjahr zur Schule geschickt werden sollten, doch führte Hamburg die Schulpflicht als letzter deutscher Staat erst 1870 ein.

Dass die hygienischen Zustände Hamburgs im Argen lagen, sah zu Beginn des 19. Jahrhunderts ein Blinder mit Krückstock; auf jeden Fall aber hätte er es riechen können. Doch nicht einmal die Cholera-Epidemie von 1832, die 1652 Todesopfer forderte, und die weniger schweren, aber rasch aufeinander folgenden Ausbrüche der Krankheit in den Jahren 1848, 1859, 1866 und 1873 rüttelten die Gesundheits- und Verwaltungsbehörden aus ihrer saumseligen Verschlafenheit. Ein Vorstoß der Bürgerschaft, die städtische Hygiene vor allem in den Armenvierteln zu verbessern, wurde von 1870 bis 1890 verschleppt. Ehe das 1891 beschlossene Filtrierwerk zur Wasseraufbereitung fertig war, schlug 1892 die Cholera zu: 17.000 Menschen erkrankten, 8605 davon starben.

Der Senat bedeckte sich in der Katastrophe so wenig mit Ruhm wie die Hamburger Wirtschaft. Er unterdrückte die

Nachrichten über die Ausbreitung der Seuche, veröffentlichte falsche Statistiken und hielt mit der Wahrheit hinter dem Berge, nur damit Hamburger Schiffe in ausländischen Häfen nicht unter Quarantäne gestellt wurden. Lahm redeten sich die Stadtväter darauf hinaus, die Behörden und Techniker seien durch die Vorbereitungsarbeiten für den Zollanschluss voll in Anspruch genommen gewesen. Schwächlich wichen sie vor der Drohung der Hapag zurück, ihre Zentrale nach Bremen zu verlegen, wenn die Beschränkungen des Auswandererverkehrs nicht aufgehoben würden. Robert Koch, der Entdecker des Cholera-Erregers, der ohne Verzug nach Hamburg aufgebrochen war, um sich ein Bild von der Lage zu machen, fällte ein vernichtendes Urteil über die Stadtregierung wie über ihre Sozial- und Gesundheitspolitik: »In keiner anderen Stadt habe ich solche ungesunden Wohnungen, Pesthöhlen und Brutstätten angetroffen. Meine Herren, ich vergesse, dass ich in Europa bin.«

Die Cholera-Epidemie wurde zum Wendepunkt der Stadtgeschichte. Danach begann die Sanierung der Elendsviertel. Wilhelm von Humboldt hatte sie schon 1796 als »Löcher« bezeichnet, die der Gesundheit des gemeinen Mannes »unmöglich anders als nachteilig« sein konnten. Das Gesundheitswesen wurde nun modernisiert, der Ausbau des Allgemeinen Krankenhauses Eppendorf vorangetrieben, die Erneuerung der Krankenanstalten Barmbek und St. Georg beschlossen. Wichtiger jedoch: Von nun an bröckelte die althergebrachte Herrschaft der Honoratioren. Die Cholera läutete das Ende der Amateurregierung ein, zugleich das Ende der Verwaltung ohne Berufsbeamte und der »unpolitischen Politik«. Richard Evans hat dies in seiner meisterhaften Darstellung »Tod in Hamburg« packend beschrieben. Am Hofweg erinnert ein Denkmal an die Seuchenkatastrophe; dort befand sich einer der Brunnen, aus denen sich damals unbedenklich Trinkwasser schöpfen ließ.

Hamburgs Verwaltung zeichnete sich durch Undurchsichtigkeit, Zersplitterung der Zuständigkeiten und Überlappung der Befugnisse aus. Nach der Franzosenzeit drängte der Senator Abendroth auf eine Reform an Haupt und Gliedern. Scharf geißelte er das herrschende Durcheinander: »Die Polizey war bei uns unzweckmäßig, theils mit der Justiz verbunden, theils auf eine ganz sonderbare Weise vertheilt; so gehörte z. B., um nur eins anzuführen, im Jungfernstieg ein Vergehen oder ein Polizeyfrevel vor die Prätur, [...] der Einsturz eines Gebäudes vor den Kirchspielsherrn, die Bäume im Jungfernstieg der Fortifikation, das Geländer dem Bauhofe, das Gassenpflaster der Gassenordnung, und das Leuchtenwesen der Kammer; es erfordert ein ordentliches Studium, sich hier zu orientieren, und es ist wahrlich unmöglich, Einrichtungen, die augenblicklich wirken sollen, sonderbarer zu organisieren.«

Doch ließ die überfällige Verwaltungsreform auf sich warten und blieb, selbst als sie Ende des 19. Jahrhunderts endlich kam, mehr als halbherzig. Der Wust von Behörden, Deputationen, Senatskommissionen und Kommissariaten artete oft genug in Systemlosigkeit, ja fast in Anarchie aus.

Seit 50 Jahren ist das Gelände der Hammaburg, Hamburgs Keimzelle am Domplatz, ein unansehnlicher, verunkrauteter Parkplatz – mit einem verkommenen, wie viele andere öffentliche Bedürfnisanstalten längst geschlossenen Toilettenhäuschen in einer Ecke. Nicht einmal ein von der Patriotischen Gesellschaft veranstalteter Ideen-Wettbewerb riss die Rathaus-Oberen aus ihrer Lethargie. Medienzentrum, Bürgerhaus, ein Bürogebäude für die Bürgerschaftsabgeordneten, Zentralbibliothek samt internationalem Archäologie-Zentrum, Pressemuseum oder Landeszentrale für politische Bildung – was werden soll, steht weiterhin in den Sternen.

Ähnlich traurig steht es in St. Pauli um den Spielbudenplatz, der eine Ödnis ist, seitdem die hässlichen Pavillons aus den Siebzigerjahren abgebrochen worden sind. Der Hamburger Senat, »hin und her gerissen zwischen Weltmannssucht und Dorfverschönerungsambitionen« (»Frankfurter Allgemeine Zeitung«), hat sich nie entscheiden können: Fachwerkhäuschen, Spielbank, Schwimmbad, Rockpalast, Parkanlage für Ruhebedürftige? Es steht dahin, seit Niki de Saint Phalle über dem Projekt hinwegstarb und die infantilen Riesenkran-Phantasien des New Yorker Kitsch- und Porno-Künstlers Jeff Koons von einem Sturm der öffentlichen Entrüstung hinweggefegt wurden.

Zwar brüstet sich die Hansestadt dreier Ringstraßen, doch bis heute gibt es keinen durchgehenden vierspurigen Straßenring um die Hansestadt, geschweige denn einen Autobahnring. Und was in der Sprache der Ämter »Straßenbegleitgrün« genannt wird, das wuchernde Unkraut an Kantsteinen und Mittelstreifen, frisst kein Amtsschimmel je hinweg.

Das Hamburger Patriziertum war für das Neue stets schwer zu haben. Es trifft wohl auch auf die Herren der Elbstadt zu, was Thomas Mann dem alten Lübecker Senator Hans Lorenz Castorp in den Mund legt: »An ihm [...] hatte es nicht gelegen, wenn der Geist der Neuzeit die weit bekannten, glänzenden Siege gefeiert hatte. Er hatte auf Vätersitte und alte Institutionen weit mehr gehalten als auf halsbrecherische Hafenweiterungen und gottlose Großstadt-Alfanzereien, hatte gebremst und abgewiegelt, wo er nur konnte, und wäre es nach ihm gegangen, so sähe es in der Verwaltung noch heutigentags so idyllisch-altfränkisch aus wie seinerzeit in seinem eigenen Kontor.«

Ernst Schramm hat zum Schneckengang der Hamburger Entscheidungsprozesse einmal angemerkt: »Das Übel lag in der Schwerfälligkeit der Verwaltung und der Mehrzahl der Stimmberechtigten, die nicht genug Wagemut aufbrachten. Insofern war es ein Glück für die Stadt, dass einzelne Gruppen geeigneter Männer ihr die drängenden Aufgaben abnahmen. Wie lange hätte die Stadt sonst auf all das noch warten müssen, was ihr dank Privatinitiative gleichsam in den Schoß fiel und nachher nur noch verstaatlicht zu werden brauchte: Eisenbahnen und Bahnhöfe, Telegraphie, Wasserversorgung, Kanalisation, Gasbeleuchtung, Ausbau des Hafens, Neubau des Stadtkerns, Anlage eines Villenviertels, Vorbereitung eines Industriegeländes.« Ihre Größe lag darin, dass sie sich als

Vorkämpfer der Moderne gegen Bürokratie und Bevölkerung durchzusetzen verstanden, die sich instinktiv gegen den Fortschritt sträubten, solange sie in allem Neuen bloß den Feind des Vertrauten witterten.

Eine gewisse Veränderungsresistenz und dickschädelige Sturheit wird man den Hamburgern in jedem Falle bescheinigen dürfen, ohne ihnen Unrecht zu tun. Vielleicht haben sie diesen Wesenszug mit den von ihnen bewunderten, verehrten und nachgeahmten Engländern gemein: *»They never get it right in time, but they always get it right in the end.«*

Hamburg – Gegenwart und Zukunft

Wenn wir uns das Hamburg der Gegenwart ansehen – was erblicken wir?

Es ist immer noch eine *Weltstadt,* eine weltoffene Stadt auch. Eine Diplomatenstadt mit 96 Konsulaten; mehr hat nur New York. In diesen Konsulaten dienten namhafte Schriftsteller: Der Franzose Paul Claudel und der Brite John Le Carré (mit bürgerlichem Namen David Cornwell) waren hier auf Posten, aber auch der amerikanische Diplomat, Historiker und Autor George F. Kennan tat einst als Vizekonsul an der Alster Dienst. Neuerdings werden freilich immer mehr Hamburger Persönlichkeiten als Honorarkonsuln verpflichtet; auch anderswo regiert der Rotstift. Die Hansestadt ist mit acht Städten Partnerschaften eingegangen: St. Petersburg (1957), Marseille (1958), Schanghai (1979), Dresden (1987), Osaka (1989), Prag (1990), Chicago (1994) – alles achtbare Partner; nur das nicaraguanische León fällt da aus der noblen Reihe, das in einer Zeit (1989) zur Zwillingsstadt erkoren wurde, als die linke Hamburger Jugend zur Kaffee-Ernte nach Nicaragua fuhr, um Solidarität mit den Sandinisten zu üben.

Es ist noch immer eine *Hafenstadt*. Rund 5000 Außenhandelsfirmen, Agenten und Makler haben in Hamburg ihren Sitz genommen. Salzige Meeresluft durchweht bis heute das Kontorviertel, wo Schilder wie »Havarie-Sachverständigenbüro« oder »Vereinigung der Nassbaggerunternehmungen e.V.«, »Arbeitsgemeinschaft der Hamburger Schiffsbefestiger« oder »Shipyard Consulting Services« an den Portalen prangen und Schiffsausrüster oder Tauwerklieferanten ihren Geschäften nachgehen. Hier befinden sich der Verband Deutscher Reeder; die Zentrale Heuerstelle Hamburg (ZHH) für Arbeit suchende Seeleute aus der Bundesrepublik, Österreich und der Schweiz; der Hauptsitz der Seeberufsgenossenschaft und die Seeleute-Gewerkschaft ver.di; das Bundesamt für Seeschifffahrt und Hydrographie und seit 2000 auch der Internationale Seegerichtshof der Vereinten Nationen. Im Center of Maritime Technologies sind 2003 das Forschungszentrum des Deutschen Schiffbaus und das Centrum für Maritime Technologien aufgegangen. Aus der traditionsreichen Reederei Hapag-Lloyd, die mittlerweile ganz der Preussag AG gehört, ist ein weltumspannendes Transport- und Logistikunternehmen mit einem Jahresumsatz von rund vier Milliarden Euro und gut 9000 Mitarbeitern geworden. Die Containerschiffs-Flotte von Hapag-Lloyd und die Kreuzfahrtdampfer – »MS Europa«, »MS Hanseatic«, »MS Bremen«, »MS Columbus« – sind weiterhin der Stolz Hamburgs, obwohl die Mehrzahl mittlerweile ausgeflaggt ist.

Containerriese an der Pier. Nach wenigen Stunden sind die Schiffe gelöscht und neu beladen

Der Hafen – unter den Top Ten der Welt an neunter Stelle – ist nicht mehr der einzige Lebensnerv der Stadt, aber er ist der Motor der Hamburger Wirtschaft geblieben. Er bedeckt ein Achtel des Stadtgebiets. Direkt oder indirekt hängen 145.000 Arbeitsplätze von ihm ab. Mit einem Güterumschlag von erstmals mehr als 100 Millionen Tonnen 2003 belegt Hamburg in Europa einen stolzen zweiten Platz; im Containerverkehr schließt es immer mehr zu Rotterdam auf. Die beiden größten Umschlagbetriebe – Hamburger Hafen- und Lagerhaus AG (HHLA) und Eurogate – erzielen Jahr für Jahr Rekordergebnisse. Der Container-Terminal Altenwerder ist der achtgrößte der Welt, der zweitgrößte auf unserem Kontinent und der modernste, produktivste auf dem

Globus. Der Grad der Containerisierung beim Stückgut hat 95 Prozent erreicht. Im Jahre 2003 wurden über sechs Millionen Standard-Container entladen und beladen – erstaunlich, wenn man bedenkt, dass die ersten Container überhaupt erst 1966 auf den Plan traten. Seit 1990 hat sich der Containerumschlag in Hamburg verdreifacht. Bis 2010 soll sich die Kapazität verdoppeln.

Kleidungsstücke für Karstadt, Mikrowellen für den Otto-Versand, Bohrschrauber für die Baumärkte – alles kommt dort an, aber auch 41.000 Tonnen Gewürze jährlich, 780.000 Tonnen Kaffee, 150.000 Tonnen Rohkakao – und längst nicht mehr als »Sackware«, sondern in Schüttgut-Containern. Die Hälfte des deutschen Asienhandels wird über Hamburg abgewickelt. China ist der größte Kunde des Hafens: Der Handel zwischen der Hansestadt und dem Reich der Mitte hat jedes Jahr ein Volumen von rund vier Milliarden Euro; umgekehrt ist Hamburg für China der wichtigste Hafen. Der Freihafen ist überdies das größte Teppichlager der Welt. Wer in der New Yorker Park Avenue einen Orientteppich kauft, riskiert wenig, wenn er darauf wettet, dass das gute Stück über die Hamburger Speicherstadt nach Manhattan gelangt ist.

Die muskelbepackten Schauerleute von ehedem, die schwere Jutesäcke buckelten und für Entladung und Beladung der Schiffe Tage, ja Wochen brauchten, gibt es zwar längst nicht mehr; auch nicht den Tallymann, der die Ladung anhand der Papiere kontrollierte; nur noch 120 Festmacher, die den Dampfern entgegenfahren und die Schiffstaue durchs

Hafenwasser zum Kai oder zu den Dalben ziehen; und kaum noch den Ewerführer, der mit seiner Schute Güter zum Schiff bringt oder von den Frachtern zu den Lagerhäusern. Von den 16.000 Hafenarbeitern der Sechzigerjahre sind ganze 5000 übrig geblieben. Die Entladung eines großen Containerschiffes braucht mit der heutigen Technik nur wenige Stunden. Zu Recht ist der Hamburger Hafen für seinen raschen Umschlag bekannt. Schiffbau und Schiffsausrüstung bilden weiterhin einen wichtigen Industrieschwerpunkt.

Es ist eine *Messe- und Kongress-Stadt*, die jährlich etwa 300 Kongresse, an die 20 Messen, 250 andere herausragende Veranstaltungen und an die 30.000 kleinere Tagungen beherbergt. »Du und Deine Welt«, »Hanseboot«, »Hansegolf« und »Hansepferd«, »Internorga«, der »Hamburger Dialog«, »Dach und Wand«, »Schiff, Marine, Meerestechnik« sind bundesweit, ja weltweit zum Begriff geworden. Jährlich kommen 10.000 Aussteller und über eine Million Seh-Leute.

Es ist eine *Stadt des Fremdenverkehrs*. Über 47.000 Vollarbeitsplätze hängen von ihm ab. Rund 5,5 Millionen Übernachtungen meldeten Hamburgs Pensionen und Hotels im Jahr 2003. An München ist Hamburg damit vorbeigezogen; hinter Berlin liegt es auf dem zweiten Platz. Im weltweiten Städte-Ranking steht es bei den Übernachtungszahlen an dreizehnter Stelle. Dies hat gewiss auch mit dem Ruf Hamburgs als Musical-Hochburg Europas zu tun – nach 20 Jahren »Cats« locken seit Herbst 2002 neben dem »König der Löwen« zusätzlich »Mamma Mia« und »Tanz der Vampire«.

Im Musical-Zelt auf Steinwerder startete 2001 das erfolgreiche Musical »König der Löwen«

Und auch der Talmi-Glanz von St. Pauli zieht noch immer viele auf die sündige Meile der Reeperbahn. Wohl sind im alten Eros-Center heute Asylbewerber untergebracht, und der legendäre Rotlicht-Distrikt hat einiges an Sex-Appeal verloren. Auch führt niemand eine genaue – nun: Strich-Liste. Aber zwischen 6000 und 10.000 Liebesdienerinnen und Liebesdiener sorgen in der Stadt noch immer für staatlich überwachte Triebabfuhr.

Und Hamburg ist heute die *Stiftungshauptstadt der Bundesrepublik* – 873 der rund 12.000 deutschen Stiftungen mit rund drei Milliarden Euro Stiftungskapital sind hier ansässig (München 515, Berlin 452, Frankfurt/Main 363). Jedes Jahr kommen 100 neue hinzu. Ihr Wirken hat Tradition. Da die

Hansestadt nie Residenz von Fürsten gewesen ist, die Prachtstraßen bauten, Opernhäuser, Theater und Gemäldegalerien, blieb sie von jeher auf die opferwillige Tatkraft ihrer Bürger angewiesen. Was die städtische Obrigkeit verschlief oder verschleppte oder selbst nicht bezahlen konnte, entstand gleichwohl dank bürgerlicher Initiative: Oper und Musikhalle und Museen, Waisenhäuser und Schulen für Blinde und Gehörlose, Bücherhallen und Weltwirtschaftsarchiv. Die Kunsthalle verdankt einem in London lebenden Kaufmann, dem späteren Ehrenbürger Gustav Christian Schwabe, eine Sammlung von 128 Gemälden, dem Kunsthändler Georg Ernst Harzen dessen 30.000 Graphiken und Zeichnungen, die den Weltruf

Besonders schönes Zeugnis hamburgischen Mäzenatentums: die 1908 eingeweihte Musikhalle, gestiftet von Carl Heinrich und Sophie Laeisz

ihres Kupferstichkabinetts begründeten. Der Kaufmann Hermann Strebel vermachte seine mexikanischen Altertümer dem Museum für Völkerkunde. Der Reeder Carl Heinrich Laeisz und seine Frau Sophie schenkten den Hamburgern 1908 ihre Musikhalle, einen prächtigen Bau Martin Hallers.

Die so gern als »Pfeffersäcke« verschrienen Kaufleute griffen oft tief in die Tasche. Neben den Laeisz' und den Warburgs, den Sievekings und den Siemers stehen viele andere, und dies bis auf den heutigen Tag: Menschen, die Stiftungen einrichten, Schenkungen machen oder ehrenamtlich mit Rat und Tat helfen.

Dass der Stiftergeist ungebrochen lebendig ist, haben Männer wie der Getreidehändler Alfred C. Toepfer, der Industrielle Kurt A. Körber und der »ZEIT«-Gründer Gerd Bucerius bewiesen. Toepfers F.V.S. Stiftung, die Körber-Stiftung und die ZEIT-Stiftung belegen unter den ersten zehn privat errichteten Stiftungen im Lande den neunten, siebten und vierten Platz. Aber auch andere pflegen das hochherzige Mäzenatentum: so die Dr. Helmut und Hannelore Greve Stiftung für Wissenschaften und Kultur, die der Universität jüngst zwei Flügelbauten zum alten Hauptgebäude geschenkt und der Hochschule für Musik und Theater einen Neubau gestiftet hat; so die Werner Otto Stiftung, die in Hamburg die medizinische Forschung fördert, und die Michael Otto Stiftung für Umweltschutz; so die Hermann Reemtsma Stiftung mit ihrem Kinderhospiz Sternenbrücke für unheilbar kranke Kinder und deren Angehörige; so die F. C. Gundlach Stiftung zur Förderung der Fotografie. In viele weniger bekannte Stiftungsvorhaben sind auch mühselig erarbeitete Arbeitergroschen geflossen. Seit 1999 gibt es die Bürgerstiftung, die es sich zur Aufgabe gemacht hat, kleinere Stiftungen und Spenden für gute Zwecke einzuwerben. Sie fördert vor allem die Jugendarbeit. Ihr Stiftungskapital ist inzwischen von 50.000 auf 600.000 Euro angewachsen.

Manche Mäzene halten sich bescheiden im Hintergrund, Hubertus Wald etwa mit seiner Stiftung, die medizinische Zwecke verfolgt und kulturelle Vorhaben unterstützt. Auch Hermann Schnabel gehört dazu, der Chemiegroßkaufmann, dem die deutsch-tschechischen Beziehungen am Herzen liegen, Hagenbecks Tierpark und vor allem die Staatsoper, der er unter anderem den Carrara-Marmor für die neu gestaltete Eingangshalle spendierte, Wert 500.000 Euro. Und noch viele andere wären zu nennen: Peter Tamm mit seinem Wissenschaftlichen Institut für Schifffahrts- und Marinegeschichte, das demnächst unter dem Namen Internationales Schifffahrts- und Meeresmuseum von der Elbchaussee in die HafenCity umzieht – die größte maritime Privatsammlung der Welt mit allein 27.000 Schiffsmodellen; oder Hanne Darboven (Kunst und Kultur); oder Albert Darboven mit seinem Idee-Förderpreis für junge Existenzgründerinnen und Unternehmerinnen; oder Irene Schulte-Hillen (Deutsche Stiftung Musikleben, die jungen Künstlern zu alten Instrumenten verhilft); oder Hans Jochen Waitz, dessen Stiftung mit Ankäufen für die Galerie der Gegenwart Avantgarde-Kunst fördert;

oder Sonja Lahnstein-Kandel (Step 21 – die Jugendinitiative für Toleranz und Verantwortung); oder Christl Rehmenklau-Bremer (Stiftung Phönikks, eine Beratungsstelle für krebskranke Kinder und erkrankte junge Eltern); oder Werner Otto, der jüngst erst fünf Millionen Euro für die Neugestaltung des Jungfernstiegs gespendet hat; oder sein Sohn Michael, der den Neubau der Jugendmusikschule mit 6,2 Millionen Mark – mehr als ein Drittel der Baukosten – finanzierte; oder Jan Philipp Reemtsma mit seinem Institut für Sozialforschung; oder Hans-Otto Schümann, der dem Museum für Kunst und Gewerbe einen neuen Gebäudeflügel stiftete; oder Witta Pohl mit ihrem Verein Kinder-Luftbrücke, der seit 1991 mehr als 20 Millionen Euro für hilfsbedürftige Kinder in Osteuropa gesammelt hat. Sie alle handeln nach der Maxime Erich Kästners: »Es gibt nichts Gutes, außer man tut es.«

Der Konstanzer Philosoph Jürgen Mittelstraß hat ganz recht: »Hamburgs Stiftungen mehren die Schönheit und den Reichtum der Stadt.« Die Stiftungen bewegen Hamburg.

Doch Hamburg ist vor allen Dingen Deutschlands führende *Medienstadt* geworden. 3000 Unternehmen der Branche haben rund um die Alster ihre Heimat gefunden. Sie konnten dabei an eine große Tradition anknüpfen. Hier hatte Matthias Claudius bei den hamburgischen »Adress Comptoir-Nachrichten« das journalistische Handwerk erlernt, ehe er den »Wandsbeker Bothen« redigierte. (Der »Bothe«, auf Löschpapier im Quartformat gedruckt, erschien viermal wöchentlich, aber trotz illustrer Mitarbeiter wie Klopstock, Goethe und Herder verkaufte er nie mehr als 400 Exemplare und musste nach vier Jahren eingestellt werden.) Hier war Lessings »Hamburgische Dramaturgie« von 1767–69 als Wochenblatt veröffentlicht worden. Und hier haben die »Literarischen und kritischen Blätter« des Ludolf Christian Wienbarg und Christian Friedrich Wurms auf Englisch erscheinender »Hamburg Reporter« deutsche Pressegeschichte geschrieben; ebenso die kritischen »Blätter der Börsenhalle«. Der »Hamburgische Correspondent« war ein Jahrhundert lang das meistgelesene Blatt Europas, seine Auflage höher als die der Londoner »Times«. Die »Hamburger Nachrichten« aber wurden zum Sprachrohr des pensionierten Fürsten Bismarck.

Erich Lüth, der unvergessene Pressesprecher des Senats in der frühen Nachkriegszeit, hat mit Fug und Recht gesagt: »Die Freie und Hansestadt war immer wieder ein Vorort des deutschen, ja des europäischen Zeitungswesens.« Ähnlich hatte es schon 1771 in einer Beilage des »Hamburgischen Correspondenten« geheißen: »Hamburg ist ein Ort, auf welchem der Segen liegt, dass es daselbst bis an das Ende der Welt niemals an Monatsschriften und Wochenblättern fehlen soll.« Den Grund für solche Zuversicht beschreibt der Presseforscher Holger Böning: »So früh wie nirgends sonst begann die Zeitungslektüre in der Hansestadt allgemein zu werden. Am frühen Morgen sah man in Hamburg Arbeitsleute und Hausknechte reihenweise an den Zeitungsbuden stehen und aufmerksam die für ihre Herren geholten Zeitungen lesen und diskutieren.« Sie bestätigten damit den programmatischen Satz des Matthias Claudius: »Man muss den Menschen nur vernünftig ansprechen, und man wird sich wundern, wie er's begreift.« Der Ratschlag an seinen ältesten Sohn sollte noch heute gelten: »Worte sind nur Worte. Und wo sie gar leicht und behände dahinfahren, da sei auf Deiner Hut, denn die Pferde, die den Wagen mit Gütern hinter sich haben, gehen langsamen Schrittes.«

Im Jahre 1828 wurde Hamburg die zeitungsreichste Stadt Deutschlands genannt. Damals gab es bereits Intelligenzblätter und Boulevardblätter, »Blättchen im Spießergeist, gedruckten Klatsch und Zänkereien zwischen rechts und links« (Lüth). Aber auch damals schon war die Stadtrepublik eine Freistätte des Geistes und eine Freistätte der Publizistik. Im Kampf gegen Zensur und mäkelnde Obrigkeiten hielt sie die Fahne der Meinungsfreiheit hoch. Wie es um die Mitte des 19. Jahrhunderts täglich im Zeitungskopf des »Tagwächters an der Elbe« hieß: »Der Großen Hochmuth wird sich geben, wenn unsere Kriecherei sich gibt.« In diese Tradition stellte sich auch die sozialdemokratische Presse in Hamburg. Deren Anfänge reichen bis zu der 1865 erscheinenden Zeitung »Der Arbeiter« zurück. Das »Hamburger Echo«, gegründet 1885, und die alte »Morgenpost« spielten nach 1945 lange Zeit eine wichtige Rolle; im härter werdenden Wettbewerb konnten sie dann jedoch nicht mehr mithalten.

Nach dem Zweiten Weltkrieg wurde Hamburg der Pressestandort *par excellence*. Mit dem Axel Springer-Verlag, dem

Spiegel-Verlag und dem ZEIT-Verlag, Gruner + Jahr, dem Heinrich-Bauer-Verlag, der Ganske Verlagsgruppe Jahreszeiten-Verlag, der Verlagsgruppe Milchstraße sitzen fast alle tonangebenden Presseunternehmen Deutschlands in Hamburg. 1946 lizensierte die britische Besatzungsmacht die Tageszeitung »Die Welt« und die Wochenzeitung »DIE ZEIT«; 1948 kamen die »Welt am Sonntag« heraus und das »Hamburger Abendblatt«. Die Groschenzeitungen »Bild« und »Morgenpost« erkämpften sich Massenauflagen. Früh schon zogen »Stern« und »Spiegel« an die Elbe. Die Deutsche Presse-Agentur richtete in der einstigen bayerischen Gesandtschaft am Mittelweg ihr Hauptquartier ein. Und für den journalistischen Nachwuchs wird viel getan in der Hansestadt. Seit 1978 gibt es die Akademie für Publizistik, die G+J Journalistenschule, die zur Ehrung Henri Nannens an dessen 70. Geburtstag im Jahre 1983 in Henri-Nannen-Schule umbenannt wurde. Seit 1986 existiert die Journalistenschule Axel Springer. Eine Hamburg Media School, die in gemeinsamer Trägerschaft von Stadt, Handelskammer und Medienwirtschaft geplant wurde, ist im November 2003 an den Start gegangen. Sie soll den bestehenden publizistischen Ausbildungsstätten eine weitere Dimension hinzufügen.

Heute veröffentlicht Gruner + Jahr »Stern«, »Brigitte«, »Capital«, »Eltern«, »Schöner Wohnen«, »Geo«, »Oskar's«, »P.M.«, »TV Today« und die »Financial Times Deutschland«. Der »Spiegel« ist nach wie vor das größte deutsche Nachrichtenmagazin; daneben haben sich »Spiegel TV« und »Spiegel Online« einen festen Platz in der Medienwelt erobert. Bauer produziert die Fernsehzeitschriften »TV Hören und Sehen«, »TV Klar«, »Fernsehwoche«, die Frauenzeitschriften »bella«, »tina« und »Laura«; die Jugendmagazine »Bravo«, »Bravo Girl« und »Bravo Sport«; ferner die »Neue Revue« und ein halbes Dutzend Special-Interest-Blätter, darunter »kochen und genießen«, »GELDidee« und »Wertpapier«. Springer bringt »HÖRZU« heraus, die älteste Fernsehzeitschrift, daneben »Funk Uhr«, »Bildwoche«, »TV Neu«, »Sport Bild« und »Computer Bild«, »Bild für die Frau« und »Journal für die Frau«, »Allegra« und anderes mehr. In der Ganske Verlagsgruppe erscheinen die Publikumszeitschriften »petra«, »Prinz«, »für sie«, »country«, »Der Feinschmecker« und das altehrwürdige Reisemagazin »Merian«. Die Verlagsgruppe Milchstraße bringt unter anderem »Max«, »Amica«, »TV Spielfilm« und »Fit for Fun« heraus. Über die Hälfte der in Deutschland verlegten Zeitungen und Zeitschriften werden in Hamburg gemacht. Welche andere Stadt könnte eine gleiche Fülle von Druckerzeugnissen vorweisen?

Bunt und traditionsreich ist auch die Hamburger Buchverlags-Landschaft: Hoffmann und Campe, der Carlsen-Verlag (Harry Potter!), Friedrich Oetinger, Dumrath + Fassnacht, Christians, Ellert & Richter, Dölling und Galitz, Die Hanse und rund 100 handelsrechtlich eingetragene Buchverlage sind hier beheimatet, Rowohlt im stadtnahen Reinbek.

Früh entwickelten sich an der Alster Funk und Fernsehen. Vom Hochbunker auf dem Heiligengeistfeld wurde Weih-

Vom kleineren der beiden Hochbunker auf dem Heiligengeistfeld aus nahm der NWDR 1952 den regelmäßigen Sendebetrieb auf. Im Jahr darauf zog er nach Lokstedt um

nachten 1952 das erste westdeutsche Fernsehprogramm ausgestrahlt. Die »Tagesschau« – sie erreicht täglich sechs Millionen Zuschauer – wird hier produziert. Der NDR mit seinen 3600 Mitarbeitern ist Deutschlands drittgrößte ARD-Anstalt. Das Studio Hamburg, aus der 1947 von Gyula Trebitsch und Walter Koppel gegründeten Real-Film hervorgegangen, ist mit einem Jahresumsatz von 220 Millionen Euro mittlerweile Deutschlands führendes Produktions- und Dienstleistungszentrum für Film und Fernsehen geworden. Zu seinen Kunden zählen außer den öffentlich-rechtlichen und privaten Sendern viele freie Film- und Fernsehproduzenten und Internet-Anbieter. Eine Zeit lang waren in der Stadt rund 85 private Funk- und Fernsehunternehmen tätig. Als Filmstandort hat Hamburg einen guten Ruf, obwohl die Finanzierungs- und Förderungsmöglichkeiten sehr karg bemessen sind und daher manch einer in Versuchung gerät, nach Berlin, Bayern oder Nordrhein-Westfalen abzuwandern. Ähnliches gilt für die Musikwirtschaft. Doch noch rühmt sich Hamburg seiner Stellung als Music City Nr. 1: In keiner anderen deutschen Stadt gibt es so viele Studios, Musikverlage und unabhängige Labels.

Desgleichen hat sich die *Werbewirtschaft* früh hier angesiedelt. Über 6600 Firmen zählt die Handelskammer zu dieser Branche. Ein Fünftel des deutschen Werbeumsatzes wird in Hamburg gemacht. Die kreativsten Agenturen – Jung von Matt, Scholz & Friends, Springer & Jacoby – kommen aus der Hansestadt; aber auch aufstrebende junge Kreativschmieden wie Fischer-Appelt, Kolle Rebbe und Philipp und Keuntje sind hier groß geworden. Weiterhin gilt in der Welt der Werber: »An Hamburg führt in der Werbung kein Weg vorbei. Die Stadt ist noch immer der heißeste Agenturplatz in Deutschland.«

Eine große Anziehungskraft hat sie auf die Neuen Medien

ausgeübt, von denen viele allerdings seit dem Platzen der New-Economy-Seifenblase schwer zu kämpfen haben. Wichtige Unternehmen sind ausgewandert: SAT.1 nach Berlin; Premiere und MTV nach München, die Nachrichtenredaktion von RTL II nach Köln; Teile von Scholz & Friends nach Berlin, auch Universal Music und die Bertelsmann-Tochter BMG in die Hauptstadt. Mit 60.000 Beschäftigten ist die Medien-Branche aber immer noch der viertgrößte Arbeitgeber in Hamburg, nach dem Hafen (145.000), nach der öffentlichen Verwaltung samt den öffentlichen Unternehmen (110.000) und gleichauf mit der Flugzeugindustrie (60.000 plus).

In der Tat: *Flugzeugindustrie*. Nicht viele wissen, dass Hamburg wohl die zweitgrößte Flugzeugbauerstadt der Welt ist, gleich nach Seattle und – was allerdings zuweilen bestritten wird – noch vor Toulouse. Die Lufthansa-Werft in Fuhlsbüttel und Airbus Deutschland in Finkenwerder haben sie dazu gemacht. Außerdem gibt es 82 Flugzeugbau-Zulieferbetriebe, zu denen ständig neue hinzukommen. Die Lufthansa-Werft – inzwischen Lufthansa Technik – besorgt seit der Wiederzulassung der Lufthansa Mitte der Fünfzigerjahre die Überholung von Flugzeugen und die Instandhaltung von Motoren und Geräten. Im Jahre 2002 hat sie 854 Maschinen für 378 Fluggesellschaften betreut und einen Umsatz von 2,8 Milliarden Euro erzielt. In Hamburg beschäftigt sie 7000 Menschen. Seit 1971 werden auf dem Airbus-Gelände Flugzeuge gebaut. Unter dem Dach des EADS-Konzerns *(Euro-*

Blick auf das Gelände der EADS am teilverfüllten Mühlenberger Loch im Dezember 2003

pean Aeronautic Defense and Space Company) findet die Endmontage diverser Modelle statt. Der A300, A310 und A320 bekommen in der Flugzeugwerft ihre komplette Innenausstattung. Der 2000. Airbus aus der A320-Familie wurde im Sommer 2003 an die Fluggesellschaft Air China ausgeliefert. Der Super-Airbus A380 soll 2005 zum ersten Mal abheben. Auf Finkenwerder arbeiten 8600 Beschäftigte und 500 Lehrlinge. Airbus Deutschland steuert zum EADS-Konzernergebnis 1,36 Milliarden Euro (vor Zinsen und Steuern) bei. Der Dritte im Bunde der Luftfahrtunternehmen ist der Fuhlsbütteler Flughafen, der fünftgrößte unter den 16 Verkehrsflughäfen in Deutschland. Der Betrieb begann mit 233 Passagieren im Jahr 1919; wurde nach dem Krieg 1950 wieder aufgenommen (57.000 Passagiere); streifte 1960 die erste Million; erreichte 1970 drei Millionen, 1984 viereinhalb, 1990 knapp sieben Millionen. Im Jahr 2003 verzeichnete Fuhlsbüttel 9,5 Millionen Passagiere und fast 150.000 Starts und Landungen – 410 jeden Tag. Über 60 Fluggesellschaften fliegen 114 Ziele direkt an.

Aber in Hamburg werden nicht nur Flugzeuge gebaut. Die Seeschiffswerften Blohm & Voß und Stülcken sind glänzend im Geschäft: Jährlich verlassen durchschnittlich zehn Neubauten die Docks. Der Umsatz aller Werftbetriebe liegt bei 1,2 Milliarden Euro (2002). Die übrige Industrielandschaft wird geprägt von Elektrotechnik, Medizin-, Umwelt- und Fördertechnik, ferner von der Produktion hochwertiger Nahrungs- und Genussmittel und Chemieerzeugnisse. Weiterhin haben eine Reihe von Firmen Weltrang: Beiersdorf (Nivea, Tesa, Hansaplast, Kosmetikartikel; Jahresumsatz 2003: 4,7 Milliarden Euro, weltweit 18.000 Beschäftigte); die Norddeutsche Affinerie (Kupfer; 1,8 Milliarden Euro, 3600 Mitarbeiter); Jungheinrich (Gabelstapler und Lagertechnik; 1,5 Milliarden Euro, weltweit 9250 Beschäftigte, davon 4500 im Inland); Phoenix (Kautschuk- und Kunststoff-Erzeugnisse, Autozubehör, Akustik-Systeme; 1,37 Milliarden Euro, 740 Beschäftigte), die Körber AG (Filterzigarettenmaschinen; 1,2 Milliarden Euro, 8200 Beschäftigte),

Still (Gabelstapler und Lagertechnik; 1,37 Milliarden Euro, 8000 Beschäftigte, davon 1800 in Hamburg). In Lurup – nicht etwa, wie viele des Namens wegen vermuten, in der Schweiz – ist seit 1906 Montblanc beheimatet. Die Edelprodukte der Firma – schon längst nicht mehr nur Luxusfüllfederhalter – gelten in aller Welt als Ausweis gediegener Wohlhabenheit; sie ist so vornehm, dass Angaben über Umsatz und Mitarbeiterzahlen nicht herausgegeben werden. Die Lübecker Dräger Werke produzieren in Wandsbek Medizin- und Sicherheitstechnik. Philips stellt in Hamburg seit 1953 Halbleiter her; heute beschäftigt Philips Semiconductors 2300 Menschen und produziert neben integrierten Schaltungen unter anderem Fernsehchips, Steuerungen für Autoradios und Wegfahrsperren. Neben der Medizintechnik etabliert sich allmählich auch die Biotechnologie in der Hansestadt: Die Eppendorf AG macht mit weltweit 1700 Mitarbeitern – 700 davon in Hummelsbüttel – mittlerweile einen Umsatz von rund 300 Millionen Euro. Seit einiger Zeit gehen in der Hansestadt zwar die Drillings-Gespenster feindliche Übernahme, Abwanderung von Konzernzentralen oder Firmenkonkurs um; Beiersdorf, Holsten, die Vereins- und Westbank waren da wiederkehrend im Gerede. Doch die Stadt wehrt sich tapfer gegen die brutale Alternative Exodus oder Exitus.

Zugleich ist Hamburg eine Hochburg der deutschen *Nahrungsmittelindustrie:* Magnum-Eis, Diamant-Mehl und Kühne-Senf kommen aus der Hansestadt. Sie ist der größte Fleischhandelsplatz Europa und der Sitz des größten europäischen Mühlenbetreibers, der VK Mühlen AG. Außerdem beherbergt sie 40 Prozent der deutschen Ölmühlenkapazität. Ein Viertel des in der Bundesrepublik getrunkenen Kaffees kommt von hier. Tchibo hat sich vom Kaffeeröster zu Deutschlands sechstgrößtem Konsumgüterunternehmen mit einem Gesamtumsatz von über drei Milliarden Euro und weltweit 10.000 Mitarbeitern entwickelt. Nestlés Chokoladen-Werk Hamburg produziert in Wandsbek mit 800 Leuten jährlich 60.000 Tonnen Naschwerk, davon allein 20.000 Tonnen Smarties. Die Lebensmittelbranche macht einen Umsatz von über fünf Milliarden Euro und gibt 11.000 Menschen Arbeit und Brot.

Der produzierende Sektor trägt heute allerdings nur noch 17 Prozent zur Bruttowertschöpfung bei. Dies beweist, dass der Übergang zu »Ships and Chips« gelungen ist. Aus einem vorwiegend Rohstoff-orientierten Seehafen, einem Handelsplatz und Industriezentrum, ist ein hochmoderner Standort für Logistik, Technologie und Dienstleistung geworden. Der Dienstleister-Anteil an der Bruttowertschöpfung liegt mittlerweile bei fast 60 Prozent. Mit seinen 90 Firmen in über 70 Ländern ist der Otto-Konzern zur größten Versandhandelsgruppe der Welt geworden; der Gesamtumsatz liegt bei 23 Milliarden Euro, die weltweite Mitarbeiter-Zahl bei 79.000. Die Haspa (Hamburger Sparkasse) ist mit 31,6 Milliarden Euro Bilanzsumme noch immer die größte deutsche Sparkasse.

Schließlich ist die Elbmetropole eine *Kulturstadt.* Heines böses Wort »Huren genug, aber keine Musen« traf wohl nie ganz zu – so wenig wie sein bissiger Satz: »Ich kenne keine Gegend, wo ein toter Dichter so gut begraben liegen kann – als lebendiger Dichter dort zu leben ist schon weit schwerer.«

Zwar gestand der aufrechte Ratsherr Martin Hieronymus Hudtwalcker Mitte des 19. Jahrhunderts vor dem Deutschen Philologentag ein: »Hamburg ist zunächst eine Stadt, wo nicht so sehr die Musen als vielmehr Merkur verehrt wird.« Von einem Senator, der im Berlin der Vorkriegszeit eine Ausstellung aus Beständen der Hamburger Kunsthalle eröffnen musste, ist der denkwürdige Ausspruch überliefert: »Wir Hamburger verstehen mehr von Geschäften als von Bildern, am meisten von Kaffee.« Doch merkte schon Hudtwalcker an, den Musen zu opfern sei an der Alster von alters her eigentlich nie ganz vergessen worden. Dies bestätigen auch Ulrich Tukur und Ulrich Waller: »Der Wind, der hier Künstlern jeglichen Genres um die Ohren pfiff, war immer schon ein bisschen rauer als im Süden des deutschen Sprachraumes. Die Sonne der Künste versteckt sich hier eben öfter als anderswo hinter dem grauen Himmel der alltäglichen Geschäfte. Trotzdem konnte sich Hamburgs Musik- und Theaterleben immer am Glanz anderer Feudalstaaten oder Bürgerstädte messen lassen.«

Ein großer Teil des Hamburger Kulturlebens verdankte sich freilich privatem Antrieb. Helmut Schmidt trifft mit seiner Beobachtung ins Schwarze: »Immer wieder stoßen wir auf einzelne Personen, die einen dringenden Bedarf ihrer Stadt erkannt und sodann als Bürger die Initiative ergriffen haben. Das gilt gleichermaßen für die Kunst, für die Musik, für das Theater, für die Schulen und für die Wissenschaften.« Der Staat hingegen konnte den Ruch des Banausentums nie ganz abstreifen. Stupide Kulturpolitik vertrieb 1768 Lessing aus der Hansestadt nach Wolfenbüttel. Im Jahre 1788 wollte der Rat die Kirchenmusik abschaffen, die ihm zu teuer war; im folgenden Jahr ließ er die Kunstsammlung der Stadt versteigern, um den Hamburger Finanzen aufzuhelfen. Zwischen 1804 und 1837 wurden sechs alte Gotteshäuser abgerissen, darunter der Mariendom auf dem Gelände der Hammaburg. Johannes Brahms ging von Hamburg nach Wien, weil er in seiner Heimatstadt keine angemessene Stellung finden konnte. Und auch heute soll es ja durchaus noch vorkommen, dass international angesehene Künstler vergrault werden.

Wie die Vergangenheit, so die Gegenwart. Zweimal empfahl die Kulturbehörde der 1950 von Hans Henny Jahnn gegründeten Freien Akademie der Künste, sich doch am besten aufzulösen, nochmals in den 1960ern und abermals in den 1980ern – einer Institution, die ein halbes Jahrhundert lang den geistigen Raum der Stadt erweitert hat. Als die Akademie 2003 den Max-Brauer-Preis zugesprochen bekam, pointierte die frühere schleswig-holsteinische Bildungsministerin Marianne Tidick in ihrer Laudatio nicht von ungefähr: »Das Schreiben von Nachrufen auf gestorbene oder die Ehrung fortgezogener Künstler fiel der Stadt oft leichter als deren Förderung zu Lebzeiten.«

In der Tat: Wenn man die Mietzahlungen aller vom Etat der Kulturbehörde abzöge, die aus deren Töpfen Zuwendungen empfangen, so läge dieser Etat wohl noch unter den armseligen 2,2 Prozent, die der Gesamthaushalt der Stadt ausweist. Auch spielt die Kultur im »Stadtmarketing«, der Imagewerbung für die Elbmetropole, so gut wie keine nennenswerte Rolle – und dabei sollte sie es gerade im Konzept der Hamburg Tourismus GmbH. In Hamburgs großen Zukunftsprojekten kommt sie kaum vor. Immer wieder klagt der Kunsthallenchef Uwe Schneede über die »Kulturlosigkeit« der Hamburg-Werbung. Sponsoren aus der Wirtschaft und der Welt der Stiftungen beklagen, dass die Stadt sich zwar aktiv um die Olympischen Spiele 2012 beworben hat, im Wettbewerb um die Kulturhauptstadt Europas für das Jahr 2010 aber durch Abwesenheit glänzte.

Gewiss: Die Theater, vom Schauspielhaus über das Thalia und die Kammerspiele bis hin zu Ohnsorg-Theater und St. Pauli Theater mehr als 40 Bühnen, die Oper mit John Neumeiers Ballett, die Musikhalle, die Museumsmeile – das alles lebt. Manchmal jedoch mehr schlecht als recht; und öfter schießt es auch geil ins Kraut – geil in der doppelten Bedeutung des Wortes: lüstern und steril. Es pulsiert nicht zuschussfrei (Subventionen 2001: 360 Millionen Mark) und auch keineswegs streitfrei. Die Kulturszene lebt nicht nur, sie bebt auch. Die sieben großen Museen der Stadt leiden alle unter Geld- und Personalnot. Ihre Überführung in den Status öffentlich-rechtlicher Stiftungen (1999) hat wegen der dürftigen finanziellen Grundausstattung (19,1 Millionen Euro jährlich) ihr Dasein jedenfalls nicht erleichtert. Aus dem Stadtsäckel kommt nur noch ein Viertel ihrer Mittel.

In jüngster Zeit hat sich zunehmend die Sorge breit gemacht, dass die Zukunft der schönen Künste in der Hansestadt bedroht sei. Die Sorge mag berechtigt sein. Dabei ist freilich einzuräumen, dass neben leeren Kassen auch leere Hirnkastl mehr Probleme aufwerfen, als dem Kulturbetrieb rund um die Alster gut tut. Dies gilt für behördliche Konzeptlosigkeit ebenso wie für hoffärtige Jungregisseure, die in souveräner Missachtung des Publikums wie der Autoren Klassiker nur noch als zusammenhanglosen Verschnitt anbieten (und sich nicht wundern dürfen, wenn die Premierengäste das Theater verlassen, noch ehe sie »Buh« gerufen haben).

Die große Hamburger Musiktradition – verkörpert in Johann Adolf Hasse, Georg Philipp Telemann, Carl Philipp Emmanuel Bach, Felix Mendelssohn Bartholdy und Johannes Brahms – lebt fort: nicht nur in der Staatsoper und der Musikhalle, sondern auch in den schönen alten Kirchen, im NDR-Symphonieorchester und in der Philharmonie oder in den Jazzkneipen; im früheren Star Club haben einst die Beatles ihre Karriere begonnen. Freilich, die Vertreibung angesehener Künstler, aus Unverstand oder Unvermögen, bleibt ein Problem.

Im Literaturhaus am Schwanenwik wirkt der Geist weiter, den Friedrich Gottlieb Klopstock und Friedrich von Hagedorn, Matthias Claudius und Gotthold Ephraim Lessing, Johann Hinrich Voss, Hans Henny Jahnn, Joachim Ringelnatz, Hans Leip, Hans Erich Nossack, Wolfgang Borchert, Siegfried Lenz und Wolf Biermann geprägt haben. Auch den 1935 vom Reichsgericht wegen »literarischen Hoch- und Landesverrates« ausgebürgerten kommunistischen Arbeiterschriftsteller Willi Bredel, in Polen einst gerühmt von Marceli Ranicki, dem späteren deutschen Literaturpapst Marcel Reich-Ranicki, haben die Hamburger nicht völlig vergessen, ebenso wenig wie Johann Kienau – »Gorch Fock« – aus Finkenwerder, den Dichter des Meeres und der Küste, der 1916 als kriegsfreiwilliger Matrose in der Skagerrak-Schlacht umkam.

Einsichten, Ansichten, Aussichten

Die hamburgische Bürgergesellschaft ist quicklebendig. Es fehlt auch heute nicht an Neuerungswillen und Innovationskraft – jüngste Beispiele dafür sind das Northern Institute of Technology und die Bucerius Law School, die neben die zehn alten Hochschulen getreten sind, sowie das Bucerius Kunstforum, allesamt private Gründungen. Bei der Obrigkeit freilich, dem Senat, der Bürgerschaft, dem aufgeblähten Verwaltungsapparat, ist solche Quicklebendigkeit nicht immer zu spüren gewesen. Da war das Beharrungsmoment oft stärker als der Fortschrittsdrang. Fast 50 Jahre SPD-Vorherrschaft am Stück sind der Stadt nicht sonderlich gut bekommen. Auf den Parteitagen der Sozialdemokraten und der

Grünen tobte sich jener Zeitgeist aus, dem der Wachtelkönig wichtiger war als die Zukunft des Flugzeugbaus in Hamburg; der alle Mühe, allen Anspruch aus den Lehrplänen herauszureformieren trachtete und sich gern und jedweder Evaluierung entzog; der sich aus organisatorischer Unfähigkeit und wohl auch aus ideologischem Vorurteil der Mitwirkung an der »Pisa-Studie« verweigerte; der fast die Hälfte der Lehrer in unterrichtsfernen Verwendungen auf weiche Polster bettet; der viel zu lange das Bedürfnis der Bürger nach Sicherheit ignorierte. Der Präses der Handelskammer lästerte einmal, Rot-Grün wäre es wohl am liebsten gewesen, an sämtlichen Einfallstraßen Schilder aufzustellen: »Bad Hamburg – Durchfahrt verboten!«

So kam es, dass zu wenig geschah für die Integration der 270.000 Ausländer in der Stadt. So war es zu erklären, dass die Staatsgewalt sich von den Hausbesetzern in der Hafenstraße auf der Nase herumtanzen ließ. Nur so konnte es dahin kommen, dass Hamburg zwar mit jährlich über 6000 Euro Ausgaben pro Schüler und einer Lehrer-Schüler-Relation von – auf dem Papier – 1:14 an der Spitze der Bundesländer steht, dass aber die Qualität in keiner Hinsicht der finanziellen Ausstattung entspricht und die tatsächliche Lehrer-Schüler-Relation in den Klassenzimmern eher bei 1:26 liegt – kein Wunder, dass es dauernd Unterrichtsausfälle gibt. Gewiss, Ausflüge und Klassenreisen müssen den Unterricht ergänzen. Doch die Fülle von sozialen Tagen, Projekt- und Praktikantenwochen bis hin zu abenteuerlichen Demonstrationsteilnahmen sind von den Lehrern kaum zu verantworten und lassen die Unterrichtszeit auf ein unvertretbares Minimum schrumpfen. Und so allein wird verständlich, dass sich ein Fünftel der Hamburger bei den Bürgerschaftswahlen im Herbst 2001 aus Frust über roten Filz und bleierne Trägheit dem schillernden Richter Schill und seiner Sammelsuriums-Partei in die Arme warfen.

Es ist sehr lange vieles liegen geblieben. »Zukunftsprojekte werden durch gegenwartsbezogene, ichbezogene Denkweise überall blockiert«, klagte der frühere Bürgermeister Henning Voscherau 1997. Risikoscheu gebar Entscheidungsschwäche. Eine westliche oder östliche Elbquerung verfiel wie die Autobahn nach Cuxhaven der hamburgischen Vetokratie. Jeder Zentimeter Elbvertiefung, jeder Quadratmeter Hafenerweiterung – beides lebenswichtig, überlebenswichtig für die Stadt – wurde endlos bekämpft, die vierte Röhre des Elbtunnels sträflich verschleppt, die Auffüllung des Mühlenberger Lochs zugunsten der Airbus-Fabrikation jahrelang mit Einspruch belegt, der Ausbau der A 7 nach Flensburg auf sechs Spuren durch ein SPD-Parteitagsvotum verhindert. Die dürftige Verwaltungsreform hat den Bezirken eher noch mehr Verhinderungsmacht zugeschanzt. Einen Autobahnring gibt es bis heute nicht, und die S-Bahn-Anbindung des Flughafens wird vermutlich erst Jahre nach der Einweihung des neuen Terminals funktionieren – ein Schildbürgerstreich sondergleichen.

Lange Zeit, mäkelte ein Beobachter ganz zu Recht, wirkte

die Stadt wie ein Herzpatient, der dringend Bypässe braucht – den aber niemand operieren wollte, durfte oder konnte. Zwar wetzte der Beust/Schill-Senat die Skalpelle, doch die prekäre Finanzlage erlaubte keine kühnen Einschnitte, ganz abgesehen davon, dass die Koalition bis zu ihrem Fall dauernd über die eigenen Beine stolperte.

Es fehlt nicht an Zukunftsmusik. Hamburg, das Tor zur Welt, will seit dem Kollaps des Kommunismus *Eurogate* werden, Drehscheibe der Verkehrsströme zwischen Ost und West, und *die* nordeuropäische Dienstleistungsmetropole. Heute schon ist es das eigentliche Chinazentrum Europas: Rund 4000 Chinesen leben in der Elbmetropole, zirka 300 chinesische Firmen haben sich in der Hansestadt niedergelassen (von denen viele allerdings nur Ein-Mann-Betriebe sind, wohingegen die Japaner mit ihren 25 Europa- und 35 Deutschlandzentralen in der Stadt an die 10.000 Arbeitsplätze geschaffen haben). Die SARS-Seuche im Reich der Mitte beunruhigte die Hanseaten daher fast so stark wie vor 190 Jahren die Cholera im Gängeviertel. (Es war Professor Herbert Schmitz vom Bernhard-Nocht-Institut, der mit seinem Team die tödlichen Corona-Viren identifizierte.) Auf den Reißbrettern wächst – eine Idee Voscheraus – die 1997 beschlossene HafenCity mit geplanten 5500 Wohnungen und 20.000 Arbeitsplätzen, mittlerweile ohne den ursprünglich geplanten Teherani-Leuchtturm von 288 Meter Höhe; ein ehrgeiziges Milliardenprojekt, das der Hansestadt auch ein »Science Center«, eine maritime Erlebniswelt, ein Aquarium und auf Kaispeicher A eine zweite

Musikhalle bescheren soll. An dem Konzept »Wachsende Stadt« wie an der Europa-Passage und dem Überseequartier entzünden sich die Phantasie und mancherlei Streit.

Mit der Bewerbung um die Austragung der Olympischen Spiele 2012 waren grandiose städtebauliche Vorhaben verbunden: Olympia-Dorf, Olympia-Stadion, Medienzentrum – Kostenpunkt 3,5 Milliarden Euro. Die Hansestadt kam nicht zum Zuge, was rund um die Alster tiefe Enttäuschung bewirkte. Aber der Schwung, die Begeisterung und die Aufbruchstimmung, welche die Vision Olympia in der Stadt ausgelöst hat, sollen nun in positive Energie für das ehrgeizige Zukunftsprojekt »Metropole Hamburg – Wachsende Stadt« umgewandelt werden. Auch ohne olympischen Rückenwind will Hamburg zum Sprung nach vorn ansetzen. Brückenschlag über die Elbe nach Süden, entschlossene Verwirklichung der Pläne für die HafenCity, Schaffung einer internationalen »Marke Hamburg«, Ausbau der Stadt zur Sporthochburg des Nordens – der Ehrgeiz ist groß. Seit der Eröffnung der Color Line Arena hat Hamburg die modernste Mehrzweckhalle Europas. Es hat den Zuschlag für den international bedeutsamen Filmpreis »Bambi« erhalten und hofft, auch den Musikpreis »Echo« wieder an die Alster zu holen. Die Stadt bastelt an ihrem Image als »Event City«. Und vielleicht lässt sich ja, da für 2012 nichts daraus geworden ist, Hamburg zur Austragungsstätte der Olympischen Spiele im Jahre 2016 machen?

Als es um Olympia ging, haben die Hamburger zum ersten Mal erlebt, dass in ihrer Stadt alle an einem Strang zogen: Senat und Wirtschaft, Regierungskoalition und Opposition, Künstler, Medien und Hochschulen, vor allem jedoch die Bürger. Die Verwaltung sei über sich selbst hinausgewachsen – solches Lob aus dem Munde des Handelskammer-Präses ist rar. Und mag auch das Orchester für die Zukunftsmusik in eher spärlicher Besetzung spielen, weil eben überall der Rotstift regiert – es könnte doch sein, dass Hamburg erwacht ist und dass es diesmal nicht – wie im Falle von »Tetje mit de Utsikten«, einem anderen Hamburger Typ – bei ewig vagen Hoffnungen bleibt. Aber damit es so kommt, muss einiges geschehen.

Eine Stadt, die unter täglicher Stau-Anfälligkeit auf ihren schlaglochreichen Straßen und im Elbtunnel leidet; deren Schienenverbindungen so mangelhaft sind wie ihre Lufthansa-Anbindung; wo jede Fahrt zum Flughafen in einen Kampf gegen die Uhr ausartet, ist eher das Nadelöhr des Nordens als seine Verkehrsdrehscheibe. Und eine Stadt, in welcher der Ausbau der Containerliegeplätze Emotionen auslöst wie der Bau eines Kernkraftwerkes im eigenen Vorgarten, hat einiges zu tun, um ihren Metropolen-Anspruch zu begründen und glaubhaft zu befestigen. Menso Heyl, Chefredakteur des »Hamburger Abendblatts«, erhielt donnernden Beifall, als er jüngst erklärte: »Der Adler ist unser Wappentier, nicht der Wachtelkönig.«

Auch in anderer Hinsicht ist der hamburgische Traum ja keineswegs Realität. Im Haushalt 2004 klaffte ein Loch von

1,5 Milliarden Euro; die Gesamtschulden der Stadt belaufen sich auf 23,3 Milliarden – über 10.000 Euro für jeden Einwohner. »Tafelsilber« zum Verkaufen gibt es kaum noch. Seit Jahren nennt die Brüsseler Eurokratie Hamburg die reichste Region der Europäischen Union. Ein statistisches Pro-Kopf-Einkommen von 43.556 Euro, an die 1000 Einkommensmillionäre und über 6000 Vermögensmillionäre in der Hansestadt sind jedoch nicht die ganze Wahrheit. Der frühere Bürgermeister Henning Voscherau hat das nie verschwiegen. Sein ehrlicher Befund über die Hamburger Wirklichkeit dämpft jede Euphorie: »Gediegener Wohlstand und gesellschaftlicher Glanz sind nur die eine Seite der Hamburger Medaille. Die andere Seite muss man auch sehen. Hamburg, das ist auch hohe Arbeitslosigkeit, in Armut lebende Kinder, Wohnungsnot, Obdachlosigkeit, massenhafter Drogenkonsum, in Einzelfällen geradezu Elend und Kriminalität. Wer die Stadt Hamburg als Boomtown bezeichnet, sieht also nicht die volle Realität.« Und die Bedürftigkeit wächst: 85.000 Menschen waren Ende 2003 arbeitslos gemeldet, was einer Arbeitslosenquote von 9,7 Prozent entspricht; rund 125.000 – fast sieben Prozent der Bevölkerung – bezogen Sozialhilfe, darunter 41.000 Kinder, 15 Prozent aller Minderjährigen. Für Sozialhilfe gibt die Stadt jährlich eine halbe Milliarde aus.

Das Resümee? Zitieren wir noch einmal Helmut Schmidt mit seinem Drei-Sterne-Artikel in der »Welt« aus dem Jahre 1962. Er war damals Innensenator. Den anonymen Artikel verfasste er wenige Monate nach der großen Flutkatastrophe, die er mit kühler, konzentrierter Entschlossenheit gemeistert hatte. »Diese Stadt«, schrieb er vor 40 Jahren, »beherbergt ein unglaubliches Reservoir an weltweiter Erfahrung, an geistigem Potential, an realistischer Fähigkeit zur Kalkulation, an Toleranz und Prinzipientreue, an Weitblick und Wagemut.«

Kein Zweifel: Dies gilt noch heute. Darauf gründet sich die Hoffnung, dass die Neigung zu Schildbürgerei und Krähwinkelei doch nicht übermächtig wird. Aber weiterhin gilt auch, was der Innensenator Helmut Schmidt vor vier Jahrzehnten seinen Hamburgern ebenfalls ins Stammbuch schrieb. Über seine Heimatstadt sagte er damals: »Ich liebe sie mit Wehmut, denn sie schläft, meine Schöne, sie träumt; sie ist eitel mit ihren Tugenden, ohne sie recht zu nutzen; sie genießt den heutigen Tag und scheint den morgigen für selbstverständlich zu halten – sie sonnt sich ein wenig zu selbstgefällig und lässt den lieben Gott einen guten Mann sein.«

Viel hat sich daran nicht geändert. 40 Jahre nachdem er der geliebten Vaterstadt zum ersten Mal die Leviten gelesen hatte, sah der Altbundeskanzler Anlass, seine Mahnung zu wiederholen. »Auch in Zukunft«, schrieb er Ende 2002, »wird diese Stadt sich nicht einfach ihrem Wohlstand hingeben dürfen. Denn in selbstgenügsamer Behaglichkeit könnte sie zum Spießbürgertum herabsinken.« Nicht anders sieht es Michael Otto, der Vorstandsvorsitzende des Otto-Versands: »Hamburg ist zwar eine Stadt mit vielen Stärken. Aber manchmal wirkt sie eben auch ein wenig selbstzufrieden.«

Der 278 Meter hohe Fernsehturm symbolisiert die Lage vortrefflich. Man wollte hoch hinaus. Seit der Jahrtausendwende jedoch ist der 1968 eröffnete Turm dem Publikum nicht mehr zugänglich. Das Drehrestaurant in 130 Metern Höhe dreht sich nicht mehr. Es ist abrupt geschlossen worden wie »Cölln's Austernstuben«, in denen Bismarck, nach seiner Entlassung als Ruheständler im nahen Friedrichsruh, Mal um Mal dem Redakteur Hofmann von den »Hamburger Nachrichten« böse Leitartikel gegen seine Nachfolger diktierte und wo bis zum Schluss das handschriftliche Bekenntnis des Eisernen Kanzlers über dem »Bismarck-Tisch« an der Wand hing: »Der Deutsche, wenn er sich seiner Kraft so recht bewußt werden will, braucht erst eine halbe Flasche Wein im Leibe, oder besser noch eine ganze. Friedrichsruh, 1. April 1892. v. Bismarck.« Eine Zeit lang hieß es, ein chinesisches Restaurant werde in die ehrwürdigen Kellerräume einziehen, am Ende richtete sich ein Thai-Etablissement dort ein.

Bismarck-Hering mit Stäbchen? Der Fürst würde bei der bloßen Vorstellung in seinem Sarkophag rotieren, obwohl er für den chinesischen Reformer Li Hung-tschang, der ihn im Juni 1896 im Sachsenwald besuchte, viel übrig hatte. »Wie sollen wir es machen, um China zu reformieren?«, fragte damals der Chinese. Bismarck entgegnete: »Die Hauptsache ist: Wenn in der obersten Leitung Raketensatz ist, dann geht vieles; wenn er fehlt, geht nichts.«

Man will immer hoch hinaus an der Alster, aber dann dreht sich plötzlich nichts mehr. So ist es. Es muss, es darf aber nicht so bleiben. Die Hamburger können den Aufbruch schaffen – mit einer Stadtregierung, die sich einen Ruck gibt und der Stadt abermals Auftrieb. Auch hier gilt: Wenn in der obersten Leitung Raketensatz ist, dann geht vieles. Die Elbmetropole darf nicht zur bloßen Containerschleuse verkommen oder zur Präsentationsplattform für Mega-Events. Es ist an der Zeit, dass das Hamburger Staatsschiff, um es hanseatisch auszudrücken, wieder achterlichen Wind verspürt und mehr als eine Handbreit Wasser unter den Kiel bekommt.

Lassen wir die Hoffnung nicht fahren. Sagen wir lieber auf gut Hamburgisch: »Denn bis denn!«

Literaturhinweise

(für alle, die mehr wissen wollen)

Klaus Asche, »Hamburger Bier – Rechtsfragen aus Vergangenheit und Gegenwart«, in: *Recht und Juristen in Hamburg*. Band 1, herausgegeben von Jan Albers u. a. (Köln: Carl Heymanns Verlag, 1994)

Uwe Bahnsen und Kerstin von Stürmer, *Die Stadt, die sterben sollte.* Hamburg im Bombenkrieg, Juli 1943 (Hamburg: Convent, 2003)

Frank Bajohr, *»Arisierung« in Hamburg*. Die Verdrängung der jüdischen Unternehmer, 1933–45 (Hamburg: Christians, 1997)

Holger Böning, *Periodische Presse*. Kommunikation und Aufklärung: Hamburg und Altona als Beispiel (Bremen: edition lumière, 2002)

Günter Bräuer, Klaus Püschel und Ralf Wiechmann (Hrsg.), *Wer war Klaus Störtebeker?* Ein Mythos wird entschlüsselt (München: Wilhelm Fink Verlag, 2003)

Willi Bredel, *Die Vitalienbrüder*. Ein Störtebeker-Roman (Rostock: Hinstorff, 1988)

Hans Brunswig, *Feuersturm über Hamburg.* Die Luftangriffe auf Hamburg im 2. Weltkrieg und ihre Folgen (Stuttgart: Motorbuch Verlag, 1978)

Fritz Busse und Dirks Paulun, *Hamburger Skizzen* (München: Südwest Verlag, 1968)

Ursula Büttner, *»Gomorrha«: Hamburg im Bombenkrieg* (Hamburg: Landeszentrale für Politische Bildung, 1993)

Ursula Büttner und Werner Jochmann, *Hamburg auf dem Weg ins Dritte Reich* (Hamburg: Landeszentrale für Politische Bildung, 1983)
Claus Silvester Dörner und Ilse Sibylle Dörner, *Das Hamburg Kochbuch*. Die feine bürgerliche Küche der Hansestadt (Husum: Husum Verlag, 1997)
Hans Werner Engels, »Alles war so möglich!« Hamburgs Bürger feiern die Französische Revolution«, in: *DIE ZEIT*, 11. Juli 2002
Richard J. Evans, *Tod in Hamburg*. Stadt, Gesellschaft und Politik in den Cholera-Jahren 1832–1910 (Reinbek bei Hamburg: Rowohlt, 1990)
J. G. Gallois, *Geschichte der Stadt Hamburg* (Hamburg: Ackermann Wulff, 1866)
Kurt Gerdau, *»Hamburg« am Bug* (Herford: Koehler, 1993)
Evelyn Glensk, *Die Aufnahme der Vertriebenen und Flüchtlinge in Hamburg* 1945–53 (Hamburg: Verein für Hamburgische Geschichte, 1994)
Ascan Klée Gobert, *Zacke und Loch* (Hamburg: C. Boysen, 1964)
Kurt Grobecker, *Die Erotik der Hanseaten* (Hamburg: Kabel, 1987)
Volker Hage, *Zeugen der Zerstörung*. Die Literaten und der Luftkrieg (Frankfurt/M.: S. Fischer, 2003)
Volker Hage (Hrsg.), *Hamburg 1943*. Literarische Zeugnisse zum Feuersturm (Frankfurt/M.: Fischer Taschenbuch Verlag, 2003)
Helmut F. H. Hansen, *Im Auf und Ab der Gezeiten*. Die wechselvolle Geschichte des Hamburger Hafens (Herford: Koehler, 1989)
Renate Hauschild-Thiessen, *Bürgerstolz und Kaisertreue*. Hamburg und das Deutsche Reich von 1871 (Hamburg: Christians, 1979)
Heinrich Heine, *Schöne Wiege meiner Leiden*. Hamburgische Miniaturen, zusammengestellt und erläutert von Walther Vontin (Hamburg: Hoffmann und Campe, 1981)

Heinrich Heine, »Merkwürdigkeiten der Republik Hamburg«, in: ders., *Reisebilder*, herausgegeben von Walther Vontin (Hamburg: Hoffmann und Campe, 1966)

Heinrich Heine, Aus den Memoiren des Herren von Schnabelewopski, in: ders., *Sämtliche Werke*, Band II (München: Winkler, 1969)

Arno Herzig (Hrsg.), *Die Juden in Hamburg 1590 bis 1990.* (Hamburg: Dölling und Galitz, 1991)

Hermann Hipp, *Freie und Hansestadt Hamburg.* Geschichte, Kultur und Stadtbaukunst an Elbe und Alster (Köln: Dumont, 3. Aufl. 1996)

Erika Hirsch und Thomas Sparr, *Jüdisches Städtebild Hamburg* (Frankfurt/M.: Jüdischer Verlag im Suhrkamp Verlag, 1999)

Gabriele Hoffmann, »Schönwetter-Kapitalist. Das Hamburger Handelshaus Godeffroy«, in: *DIE ZEIT,* 31. Juli 2003

Jens Huckeriede und Angela Müller (Hrsg.), *An de Eck steiht 'n Jung mit 'n Tüdelband*: Gebrüder Wolf. Hamburger Gesangshumoristen und Revuestars von 1895 bis 1953 (Hamburg: Kunstwerk e.V., 2003)

Werner Jochmann (Hrsg.), *Hamburg – Geschichte der Stadt und ihrer Bewohner.* Band 2: Vom Kaiserreich bis zur Gegenwart (Hamburg: Hoffmann und Campe, 1986)

Ingrid Klein (Hrsg.), *Hamburg satt.* Liebes- und andere Erklärungen (Hamburg: Carlsen, 1999)

Eckart Klessmann, *Geschichte der Stadt Hamburg* (Hamburg: Hoffmann und Campe,1981)

Sebastian Knauer (Hrsg.), *Operation Gomorra. Luftangriffe auf Hamburg vor 50 Jahren* (Hamburg: Spiegel-Verlag, 1993)

Franklin Kopitzsch und Daniel Tilgner (Hrsg.), *Hamburg-Lexikon* (Hamburg: Zeise, 2. durchges. Auflage 2000)

Frank Kopitzsch und Dirk Brietzke (Hrsg.), *Hamburgische Biografie.* Personenlexikon. Band 1 (Hamburg: Christians, 2001)

Christoph Kucklick, *Feuersturm.* Der Bombenkrieg gegen

Deutschland (Hamburg: G+J Redaktion GEO, Hamburg: Ellert & Richter, 2003)

Hans-Dieter Loose, Vom »troste der Seele« zum »gemeinen Besten« – Zur Geschichte des Stiftungswesens in Hamburg, in: Sven Meyer (Red.), *Bürger und Gesellschaft. Stiftungen in Hamburg* (Hamburg: Convent, 2003)

Hans-Dieter Loose (Hrsg.): *Hamburg – Geschichte der Stadt und ihrer Bewohner.* Band 1: Von den Anfängen bis zur Reichsgründung (Hamburg: Hoffmann und Campe, 1982)

Erich Lüth, *Zeitungsstadt Hamburg* (Hamburg: Werkberichte Justus Buekschmidt, 1962)

Hans Erich Nossack, *Der Untergang* (Hamburg: Wolfgang Krüger Verlag, 1948; Frankfurt/M.: Bibliothek Suhrkamp, 1976; Hamburg: Ernst Kabel Verlag, 1981)

Edith Oppens, *Meine lieben Hamburger* (Hamburg: Christians, 1973)

Edith Oppens, *Hamburg zu Kaisers Zeiten* (Hamburg: Hoffmann und Campe, 1976)

Ortwin Pelc (Hrsg.), Museum für Hamburgische Geschichte, Katalog der Ausstellung *Hamburg im 20. Jahrhundert.* (Hamburg: Convent, 2001)

Ortwin Pelc (Hrsg.), *Hamburg.* Die Stadt im 20. Jahrhundert (Hamburg: Convent, 2002)

Gerhard Prause, *Niemand hat Kolumbus ausgelacht* (Düsseldorf: Econ, 1966). [Zur Geschichte der gefälschten Hamburger Gründungsurkunde siehe das Kapitel 4]

Peter Reichel (Hrsg.), *Das Gedächtnis der Stadt.* Hamburg im Umgang mit seiner nationalsozialistischen Vergangenheit (Hamburg: Dölling und Galitz, 1997)

Herbert von Schade, *Zur Eintracht und Wohlfahrt dieser guten Stadt – 475 Jahre Kollegium der Oberalten in Hamburg* (Hamburg: Convent, 2003)

Hermann Schnabel, *Hamburg, die Wirtschaftsmetropole – 99 x die Nummer Eins* (www.hamburg.de/stadt/pol/99 x Nr. 1)

Christian Schnee, *Hamburg*. Eine kleine Stadtgeschichte (Erfurt: Sutton, 2003)
Kai-Uwe Scholz, *Literarisches Hamburg* (Berlin: Verlag Jena, 2002)
Percy Ernst Schramm, *Hamburg, Deutschland und die Welt*. Leistung und Grenzen hanseatischen Bürgertums in der Zeit zwischen Napoleon I. und Bismarck (Hamburg: Hoffmann und Campe, 1952)
Percy Ernst Schramm, *Neun Generationen*. Dreihundert Jahre deutscher Kulturgeschichte im Lichte des Schicksals einer Hamburger Bürgerfamilie. 2 Bände (Göttingen: Vandenhoeck & Ruprecht, 1963/64)
Ernst Christian Schütt, *Chronik Hamburg* (Gütersloh und München: Harenberg, 1997 [d.i. 2. Aufl. von *Die Chronik Hamburgs*, Dortmund: Chronik-Verlag, 1991])
Hans-Joachim Seeler, *Die Sitzung ist eröffnet*. Ein Hamburger Senator erinnert sich (Hamburg: Christians, 1983)
Bernhard Studt und Hans Olsen, *Unser Kleines Hamburg-Buch* (Hamburg: Hans Köhler Verlag, 1954)
Daniel Tilgner, *Kleines Lexikon Hamburger Begriffe* (Hamburg: Zeise, 5. Aufl. 2003)
Daniel Tilgner (Red.), *Hamburg von Altona bis Zollenspieker*. Das Haspa-Buch für alle Stadtteile der Hansestadt (Hamburg: Hoffmann und Campe, 2002)
Erik Verg, *Das Abenteuer, das Hamburg heißt*. Der weite Weg zur Weltstadt (Hamburg: Ellert & Richter, 2. Aufl. 1997)
Stefanie von Viereck, *Hinter weißen Fassaden*. Alwin Münchmeyer – ein Bankier betrachtet sein Leben (Reinbek bei Hamburg: Rowohlt, 1988)
Angelika Voß, Ursula Büttner und Hermann Weber, *Vom Hamburger Aufstand zur politischen Isolierung*. Kommunistische Politik 1923–1933 in Hamburg und im Deutschen Reich (Hamburg: Landeszentrale für Politische Bildung, 1983)
Hugo von Waldeyer-Hartz, *Männer und Bilder deutscher See-*

fahrt (Braunschweig: Vieweg, 1934). [Siehe das Kapitel über Admiral Bernd Jakobsen Karpfanger]

Matthias Wegner, *Hanseaten.* Von stolzen Bürgern und schönen Legenden (Berlin: Siedler, 1999)

Matthias Wegner (Hrsg.), *Ja, in Hamburg bin ich gewesen*. Dichter in Hamburg (Hamburg: Christians, 2000)

Rolf Wiechmann, Günter Bräuer und Klaus Püschel (Hrsg.), *Klaus Störtebeker*. Ein Mythos wird entschlüsselt (München: Wilhelm Fink Verlag, 2003)

Karl Wöfle (Hrsg.), *Hamburger Geschichtsatlas* (Hamburg: Friedrichsen + Co., 1926; Reprint im Braunschweiger Archiv Verlag, 2003)

Susanne Wyborg, *Albert Ballin* (Hamburg: Ellert & Richter, 2000)

Allen, die es gerne audiovisuell haben, seien empfohlen:

Daniel Tilgner, *Hamburg von* 1888 *bis* 1945. Eine Film-Chronik (Bremen: Edition Femmen, 1999). Videokassette

Hamburger Feuerkasse (Hrsg.), *In Hamburg ist die Nacht nicht wie in andern Städten*. Ein musikalisch-literarisches Hamburg-Porträt (Hamburg: Hoffmann und Campe, 2002). CD

Radio Hamburg (Hrsg.) *Hamburg kommt. Hymnen unserer Stadt*. Präsentiert von Radio Hamburg (ohne Ort, ohne Jahr). Tonkassette

Return of the Tüdelband (München: Trikont, 2002). CD

Die Gebrüder-Wolf-Story: Die Jungs mit dem Tüdelband (Hamburg: Hoffmann und Campe und Hamburger Kammerspiele Theater Produktions GmbH, 2002). CD

Norbert Noritz, *Snuten und Poten.* Gebrüder Wolf – Hamburger Volkssänger. Historische Schellackaufnahmen (Musik Antik, 1998)

Bildnachweis

Airbus Deutschland: 216; Bildarchiv Völkerhof Radbruch: 153; Hafentheater Produktions GmbH/Bent Weber: 204; Hamburger Feuerkasse: 44; Staatsarchiv Hamburg: 22, 56, 59, 87, 115, 135, 142, 145, 170, 188, 132 u.; Staatsarchiv Hamburg/ Urs Kluyver: 116; Urs Kluyver: 66, 98, 173, 201, 205; Landesmedienzentrum, Hamburg: 43, 48, 96, 100, 183; Museum für Hamburgische Geschichte: 31 o.; Privatbesitz: 158; Michael Zapf: 74